Sucesso Pessoal

Brian Tracy

Sucesso Pessoal

EDITORA HÁBITO
Avenida Recife, 841 — Jardim Santo Afonso — Guarulhos, SP
CEP 07215-030 — Tel.: 0 xx 11 2397-1019
contato@editorahabito.com.br — www.editorahabito.com.br
/editorahabito @editorahabito

SUCESSO PESSOAL
©2016, Brian Tracy
Originalmente publicado em inglês sob o título:
Personal Success
Edição brasileira ©2024, Editora Hábito
Publicado com autorização contratual. Original em inglês por
HarperCollins Focus, LLC (Nashville, TN, EUA).

Todas as citações foram adaptadas segundo o Acordo Ortográfico da
Língua Portuguesa, assinado em 1990, em vigor desde janeiro de 2009.

As opiniões expressas nesta obra refletem o ponto de vista de seus autores
e não são necessariamente equivalentes às da Editora Hábito ou de sua equipe editorial.

Os nomes das pessoas citadas na obra foram alterados nos casos
em que poderia surgir alguma situação embaraçosa.

Todos os grifos são do autor, exceto quando indicado o contrário.

Editora-chefe: Sarah Lucchini
Editora responsável: Gisele Romão da Cruz
Editor-assistente: Aline Lisboa M. Canuto
Tradução: Marsely Dantas
Revisão de tradução: Sônia Freire Lula Almeida
Revisão de provas: Vânia Valente
Coordenadora de design gráfico: Claudia Fatel Lino
Projeto gráfico e diagramação: Willians Rentz
Capa: Willians Rentz

1. edição: jul. 2024

Dados Internacionais de Catalogação na Publicação (CIP)
(Câmara Brasileira do Livro, SP, Brasil)

Tracy, Brian
Sucesso pessoal / Brian Tracy ; [tradução Marsely Dantas]. — São Paulo : Editora Hábito, 2024.

Título original: Personal Success
ISBN 978-65-84795-22-8
e-ISBN 978-65-84795-30-3

1. Capacidade executiva 2. Carreira profissional — Desenvolvimento 3. Desenvolvimento pessoal 4. Sucesso profissional — Negócios I. Título

23-141954 CDD-650.1

Índices para catálogo sistemático:
1. Promoção : Gestão de carreira : Administração 650.1
Inajara Pires de Souza — Bibliotecária — CRB PR-001652/O

SUMÁRIO

INTRODUÇÃO

POR QUE algumas pessoas têm mais sucesso na carreira do que outras? Por que algumas pessoas crescem e florescem, são promovidas com mais frequência, progridem rapidamente e têm mais satisfação na vida pessoal e no trabalho?

A pessoa que ganha 250 mil dólares por ano é dez vezes mais inteligente, melhor ou mais capaz do que a pessoa que ganha 25 mil dólares por ano? Claro que não! Em um estudo, mil adultos receberam testes padrão de QI. A pessoa mais inteligente da amostragem era apenas 2,5 vezes mais inteligente do que a pessoa menos inteligente do grupo. Contudo, a diferença de renda foi surpreendente! A pessoa mais bem paga da amostragem ganhava 100 vezes mais do que a pessoa mais mal paga da amostragem.

E há ainda mais um ponto importante. A pessoa mais bem paga da amostragem não era a mais inteligente em termos de QI. A pessoa mais mal paga da amostragem também não era a menos inteligente. Até certo ponto, inteligência, ou talento natural bruto, teve algo a ver com o sucesso do indivíduo ou com a falta dele. Fora isso, tudo se resumia a habilidades pessoais, trabalho duro, aprendizado contínuo e excelente gestão do tempo.

O CONCEITO DA MARGEM DE VITÓRIA

O princípio de Pareto afirma que 20% das pessoas com rendimentos mais altos recebem 80% da renda total em qualquer negócio ou indústria. Enquanto isso, 80% das pessoas com a menor renda compartilham apenas 20% da renda total. Por que isso acontece?

Depois de muitos anos de pesquisa e estudo, finalmente temos as respostas para essas perguntas. O ponto de partida chama-se "conceito da margem da vitória", que afirma que diferenças de competências pequenas e marginais em áreas vitais podem ser traduzidas em enormes diferenças de resultados. Esse conceito também afirma que pequenas debilidades em áreas essenciais podem ser suficientes para manter os indivíduos em baixos níveis de realização e de renda, ano após ano, tenham ou não conhecimento de tais debilidades.

Se um cavalo participa de uma corrida de cavalos e chega em primeiro lugar por uma cabeça, ganha dez vezes o prêmio em dinheiro do que o cavalo que chega em segundo por uma cabeça. Isso significa que o cavalo que chega em primeiro por uma cabeça é dez vezes mais rápido do que o cavalo que chegou em segundo lugar? Claro que não. O cavalo vencedor é cinco vezes mais rápido ou 50% mais rápido? É 10% mais rápido? Não; a diferença entre vencedores e perdedores, entre campeões famosos e celebridades esquecidas pela história, é de apenas 3% nas áreas essenciais.

ALCANÇANDO DESEMPENHO DE ELITE

Ao trabalhar com desempenho de elite, K. Anders Ericsson descobriu que as pessoas no topo de qualquer atividade se caracterizavam por ter investido mais tempo ao longo da carreira para aprimorar as habilidades mais importantes, enquanto as demais não haviam feito isso.

Há uma excelente citação de Henry Wadsworth Longfellow que descreve as pessoas mais bem-sucedidas em cada idade:

> As alturas, conquistadas e mantidas pelos grandes homens,
> não foram alcançadas em um voo repentino.
> Eles, enquanto seus companheiros dormiam,
> trabalhavam noite adentro.

TUDO CONTA

Este livro contém 21 ideias que você pode usar para começar a desenvolver os requisitos-chave para o sucesso pessoal, ao mesmo tempo em que o fará livrar-se das deficiências que podem impedir o seu progresso.

Este livro baseia-se na lei da acumulação, segundo a qual: "Tudo conta!" Tudo o que você faz no dia a dia, cada decisão que toma, cada ação realizada ou não, é acumulada ao longo do tempo até que finalmente se manifesta no seu sucesso pessoal, ou na falta dele.

A aplicação constante das ideias deste livro pode levá-lo a um sucesso maior e mais rápido do que você jamais imaginou ser possível. Vamos começar!

- UM -

OBEDEÇA ÀS LEIS

EM 350 a.C., em uma época em que as pessoas acreditavam nos deuses do Monte Olimpo e na sorte, em coincidências e em atos aleatórios do destino, Aristóteles postulou o *princípio da causalidade*, segundo o qual não existem eventos aleatórios. Há uma relação de causa e efeito em tudo o que acontece. As causas existem, mesmo que não tenhamos conhecimento delas.

Tudo o que acontece com você ou a você na vida, acontece por causas específicas que provocam os efeitos que fazem a vida ser como é hoje. Se você deseja alterar os *efeitos*, então deve mudar as *causas*. Se quer mudar o que sai de você, deve mudar o que entra em você.

A lei da causa e efeito é a lei fundamental do pensamento ocidental. Além de ser a base, é uma espécie de "lei materna" da matemática, da ciência, da física, da medicina, da tecnologia, dos negócios e da guerra.

As leis naturais, mentais ou físicas, funcionam 100% do tempo. Não importa que você tenha conhecimento delas, concorde com elas, goste delas nem que elas sejam particularmente convenientes a você em determinado momento. Elas são *neutras*. Atuam para todos, em todos os momentos, em quaisquer circunstâncias.

O nosso trabalho principal é entendê-las e, especialmente com respeito às leis mentais, adaptar o nosso comportamento a elas se quisermos que ajam a nosso favor. Existem três leis mentais principais.

A LEI DA CRENÇA

A primeira, a lei da crença, é o princípio fundamental da filosofia, da religião, da psicologia, da metafísica e do sucesso. De acordo com essa lei, tudo em que você acreditar com *sentimento*, com *emoção*, irá se tornar a sua realidade. Wayne Dyer diz: "Você não acredita no que vê; você vê aquilo em que já decidiu acreditar".

Não importa se a crença é verdadeira. Se você acreditar nela tempo suficiente e com intensidade suficiente, ela irá se tornar verdadeira para você, seja ela positiva ou negativa.

CRENÇAS SÃO APRENDIDAS

O interessante sobre as crenças é que ninguém nasce com elas. Tudo aquilo em que acredita hoje sobre você mesmo, sobre outras pessoas e sobre o mundo foi aprendido com alguém, de alguma forma, em algum momento. Qualquer que seja a fonte, assim que começa a acreditar nela, esta se torna verdade porque é verdadeira para você.

Cada pessoa tem dois tipos de crenças: positivas e negativas. Quando falamos em sucesso, as piores crenças são as *crenças autolimitantes*. Trata-se de crenças que você tem a seu respeito, ou do seu negócio, que o limitam e o impedem de progredir, o que, muitas vezes, mina todas as suas esperanças de sucesso e de realização.

Quais são as suas crenças autolimitantes?

Verdadeiras ou não, as crenças negativas ou autolimitantes são freios ou barreiras para o sucesso. A grande descoberta é que a maioria das crenças autolimitantes *não representam a verdade de forma alguma*. São o resultado de algo que alguém disse, algo que você leu ou ouviu em uma aula ou que aprendeu ao longo do caminho sem dar muita atenção a isso.

DESAFIE AS CRENÇAS AUTOLIMITANTES

Para que você atinja todo o seu potencial, deve eliminar as crenças autolimitantes que o impedem de crescer. Para seguir em frente na estrada do progresso e do sucesso pessoal, deve abandonar todas as crenças que lhe causam possíveis limitações no que diz respeito à inteligência, à criatividade, à habilidade natural e à personalidade. Esteja disposto a abandonar qualquer ideia que o impeça de alcançar o seu pleno potencial.

A LEI DA ATRAÇÃO

A segunda grande lei mental que determina o que acontece com você é a lei da atração. Essa lei afirma que você é um "ímã vivo" e que inevitavelmente atrai as pessoas, os eventos e as circunstâncias que estão em harmonia com os seus pensamentos dominantes, principalmente aqueles atrelados à emoção.

Tudo o que você tem na vida hoje foi atraído pela pessoa que você é, pelo seu jeito de pensar. Você pode mudar de vida porque pode modificar quem é. Você tem o poder de mudar os próprios pensamentos.

MUDE A FORMA DE PENSAR PARA MUDAR DE VIDA

Se deseja atrair pessoas, circunstâncias e oportunidades diferentes, ou um emprego melhor e uma renda mais alta, você precisa mudar a sua forma de pensar sobre si mesmo em relação a todas essas questões.

Existe um princípio geral de sucesso que diz: "A sua renda será a renda média das cinco pessoas com as quais passa a maior parte do tempo".

Por quê? Porque somos excessivamente influenciados pelas pessoas ao nosso redor; portanto, 95% da maneira de pensarmos e nos sentirmos em relação a nós mesmos e ao mundo ao redor é determinado pelas pessoas com quem normalmente nos associamos.

Trabalhei com inúmeras pessoas que saíram de um trabalho com um chefe e colegas negativos e foram para uma empresa com um chefe e colegas positivos. A vida profissional dessas pessoas foi transformada em poucas semanas. Passaram de profissionais medianos para superestrelas no ambiente de trabalho, e a renda delas aumentou muitas vezes.

A LEI DA CORRESPONDÊNCIA

De acordo com esta terceira lei mental importante, a vida exterior é uma imagem espelhada da vida interior. O seu mundo externo reflete o seu mundo interno.

Como dizem no Zen: “Em todos os lugares aos quais você vai, lá está você”.

Você não vê o mundo como ele é. Você o vê do jeito que você é. Isso significa que você pode olhar para a sua vida em determinado momento em relação a pessoas, circunstâncias, renda e meio ambiente e acabará descobrindo que essas questões sempre correspondem a sua vida interior naquele mesmo momento.

Quando as pessoas estão infelizes ou insatisfeitas com a vida profissional ou com os relacionamentos, é muito comum que passem a se envolver em comportamentos negativos, como comer ou beber em excesso e se exercitar muito pouco.

Também é bem comum que as pessoas que começaram um relacionamento feliz passem a fazer dieta, se exercitem mais e se preocupem mais com a própria saúde física.

PENSE E SEJA

Uma das descobertas mais importantes sobre o poder da mente humana é que você se torna naquilo que não sai do seu pensamento.

E o que é aquilo que não sai do seu pensamento? É fácil dizer. O que não sai do pensamento das pessoas, ou seja, seu equivalente mental, sempre se manifestará em suas circunstâncias externas. Basta olhar para elas e para seu entorno.

Você deve criar o equivalente mental *interior* de acordo com o que quer ver manifesto no *exterior*. Fazendo isso, você irá melhorar drasticamente a sua qualidade de vida, não por sorte ou por acaso, mas por causa da lei da causa e efeito.

EXERCÍCIOS DE AÇÃO

1. Identifique uma crença autolimitante que o esteja impedindo de progredir. Desafie-a. Imagine que não seja verdadeira. O que você fará a respeito?
2. Pense na sua vida exterior nos âmbitos profissional e relacional. Você está feliz com a sua vida? Caso contrário, o que fará?

- DOIS -

DECIDA EXATAMENTE O QUE VOCÊ QUER

SABER O QUE você quer é o ponto de partida do progresso pessoal e do sucesso profissional. Você pode ter quase tudo o que deseja na vida, mas primeiro precisa decidir o que quer.

Certa vez, em um programa de televisão, perguntaram a H. L. Hunt, o bilionário de petróleo e fundador de mais de 200 empresas, o que ele considerava ser o segredo do sucesso, ao que ele respondeu: "O sucesso é simples. Primeiro, determine exatamente o que quer na vida. A maioria das pessoas nunca faz isso. Segundo, estabeleça o preço que terá de pagar para conseguir o que deseja e, em seguida, decida pagar o preço.

CLAREZA É ESSENCIAL

Para decidir exatamente o que você quer, comece com os valores. Em que você acredita e com que se preocupa? Você só será bem-sucedido externamente se trabalhar em direção àquilo que considera valioso e importante internamente.

IDENTIFIQUE AS SUAS METAS PROFISSIONAIS

Pense nas metas que você tem para a sua vida profissional. Imagine que tenha à mão uma varinha mágica e projete cinco anos no futuro. Onde você gostaria de estar em um, três ou cinco anos? Se a sua vida profissional fosse perfeita, como seria e em que seria diferente em relação a hoje?

Muitas pessoas começam a carreira profissional aceitando o primeiro emprego que lhes é oferecido. Daí em diante, fazem o que os outros querem e pedem. Aceitam os empregos que lhes são oferecidos, recebem promoções sugeridas pelos superiores, reagem e respondem continuamente a demandas impostas por outros.

Pessoas bem-sucedidas planejam sua própria carreira profissional com cuidado. Definem o local no qual querem estar em determinados pontos no futuro e o nível de habilidades necessárias em áreas específicas para que tais metas sejam atingidas.

DEFINA METAS PESSOAIS E FAMILIARES

O segundo tipo de metas necessárias são as pessoais e as familiares. Se as metas para a sua carreira profissional e para a renda representam o "que" você precisa fazer, as metas familiares e pessoais representam o "porquê", pois determinam as razões pelas quais você faz o que faz. Trata-se dos motivos pelos quais você se levanta todas as manhãs para trabalhar.

Um total de 85% da sua felicidade será determinado pelos seus relacionamentos e pelas pessoas na sua vida. Apenas 15% da sua felicidade ou da sua satisfação virão das realizações materiais. Qualquer satisfação advinda das realizações materiais irá rapidamente se dissipar e desaparecer, assim como fumaça de cigarro em um salão.

Determine também as metas pessoais. Pense no nível de saúde e de preparo físico que gostaria de desfrutar se não tivesse limitações. Quais assuntos gostaria de aprender? Quais destinos gostaria de visitar? Que contribuições gostaria de fazer para a comunidade?

O PROCESSO DAS SETE ETAPAS

Há um processo simples de sete etapas que você pode usar para definir e alcançar as suas metas para o resto da vida. Trata-se de um processo poderoso, comprovado e prático.

1. *Decida exatamente o que você quer*. Seja específico. Não cometa o erro de dizer coisas do tipo: "Quero ser rico. Quero ser mais feliz. Quero ser saudável. Quero viajar". Essas afirmações não representam metas. São desejos, ilusões e fantasias. A meta é algo claro e específico.

2. *Registre as metas por escrito*. Apenas 3% dos adultos registram suas metas por escrito acompanhadas de planos claros para alcançá-las. Essas pessoas ganham, em média, dez vezes mais do que pessoas sem metas ou planos escritos.

3. *Estabeleça um prazo limite*. Determine uma data específica na qual você desejar alcançar a sua meta. Se for uma meta muito ampla, defina prazos intermediários.

4. *Faça uma lista*. Anote tudo o que achar que pode ser feito para atingir a meta, e continue acrescentando itens à lista até que esteja completa.

5. *Organize a lista*. Crie uma lista de verificação do que você precisa fazer e na ordem específica em que precisam ser feitas. O que é preciso fazer primeiro? Segundo? Terceiro? E assim por diante. Uma lista de atividades organizadas em uma lista de verificação passa a ser um plano de ação.

6. *Ponha o seu plano em ação*. Faça algo. Faça qualquer coisa. Mas tome uma atitude imediatamente. Dar o primeiro passo é a tarefa mais difícil. Dizem que o trabalho mais difícil é aquele que nunca começamos.

7. *Faça algo todos os dias relacionado à sua meta mais importante*. Faça algo sete dias por semana, 30 dias por mês. Não permita que um dia sequer se passe sem que você faça algo que o leve a pelo menos um passo à frente em direção ao que é importante para você.

SELECIONE DEZ OBJETIVOS

Pegue uma folha de papel em branco e escreva a palavra *Metas* no topo e a data de hoje. Em seguida, escreva dez metas que você gostaria de realizar nos próximos 12 meses. Podem ser metas para um dia ou para uma semana, ou para 12 meses. Contudo, certifique-se de que todas as metas possam ser alcançadas dentro do período de um ano.

Depois de escrever dez metas, pergunte a si mesmo: Se eu pudesse alcançar qualquer objetivo desta lista em 24 horas, qual teria o maior impacto positivo na minha vida?

A resposta determinará qual é o seu principal propósito definido, o *ponto focal*, o princípio organizador da sua vida. Napoleão Hill disse que as pessoas só começam a se tornar grandes quando se estabelecem na "definição do propósito".

Um total de 85% de empreendedores milionários têm um único objetivo em chamas para o qual trabalham todos os dias. E é isso que você deveria fazer.

A ação intencional é o ponto de partida de todo grande sucesso. Quanto mais você se envolver em ações sistemáticas e planejadas para as metas e os objetivos que você predeterminou, mais rapidamente alcançará o que deseja.

EXERCÍCIOS DE AÇÃO

1. Faça uma lista de dez metas que você gostaria de cumprir nos próximos 12 meses.
2. Selecione a meta que poderia causar o maior impacto positivo na sua vida, faça um plano para torná-la realidade e trabalhe todos os dias até ser bem-sucedido.

- TRÊS -

DESENVOLVA HÁBITOS DE CORAGEM E AUTOCONFIANÇA

EM 3.300 ESTUDOS de liderança, revisados pelo historiador James McPherson, referentes a 600 a.C., as duas qualidades mais comuns dos líderes identificados foram *visão* e *coragem*.

Em primeiro lugar, tenha uma visão ou meta clara em relação ao futuro desejado; em segundo lugar, tenha a coragem de fazer o que for necessário para atingir essa meta ou concretizar tal visão.

Winston Churchill disse: "A coragem é corretamente considerada a principal das virtudes, pois é ela que garante todas as outras".

O desenvolvimento da coragem e da autoconfiança é absolutamente essencial para o sucesso, pois é o medo do fracasso que impede o progresso da maioria das pessoas. Na lista da *Forbes 400* das pessoas mais ricas da América em 2015, empreendedores bilionários apontaram "a disposição para correr riscos" como uma das cinco qualidades mais importantes atribuídas a seu sucesso.

OS MEDOS PODEM SER DESAPRENDIDOS

O medo do fracasso é *aprendido* geralmente na primeira infância como resultado de críticas destrutivas de pais e de irmãos. Como se trata de algo aprendido, também pode ser desaprendido e substituído com o hábito da coragem.

Lembre-se de que a palavra medo em inglês é FEAR, que significa Falsas Experiências que Aparentam Realidade. O medo do fracasso não se baseia na realidade, mas na imaginação. Um total de 99% das coisas com as quais nos preocupamos talvez nunca aconteçam. O medo é uma crença, e, como William James de Harvard disse: "A crença cria o fato real".

Ralph Waldo Emerson nos deu o antídoto para o medo. Ele disse: "Faça o que você teme, e a morte do medo é certa". Se você fizer o que teme repetidas vezes, o medo acaba perdendo todo o poder.

AVANCE EM DIREÇÃO AO MEDO

Qual é a diferença entre uma pessoa corajosa e uma covarde? A resposta é que a pessoa corajosa enfrenta o medo, avança em direção ao medo, lida com o medo e resolve a situação que a amedronta. A pessoa covarde, por outro lado, afasta-se do medo, evita-o e espera que o medo desapareça por si só.

Quando você se move em direção a algo que teme, o medo diminui em tamanho e influência, e vai se tornando cada vez menor até não exercer influência alguma nas suas emoções. Contudo, se você se afastar do medo ou evitar a pessoa ou a situação que induz ao medo, ele crescerá cada vez mais e dominará toda a sua vida. Todos nós já tivemos essa experiência.

Sempre que sentir algum tipo de medo, você pode bloqueá-lo ao dizer imediatamente as palavras mágicas: *Eu consigo! Eu consigo! Eu consigo!*

A verdade é que você pode fazer qualquer coisa a que se dispuser mentalmente, se realmente quiser. Não existem limites reais, exceto os limites impostos pelo seu próprio pensamento, que, na verdade, se trata apenas de crenças autolimitantes que o impedem de progredir, mas que são amplamente controladas por você.

AJA COMO SE...

Uma das chaves para desenvolver coragem e confiança é "agir como se" já tivesse as qualidades da coragem e da confiança que você almeja. Aja como se o medo não existisse. Finja que não está com medo. Pense em si mesmo como se não tivesse medo algum em qualquer situação que o impeça de seguir em frente.

Aja como se não tivesse medo e pergunte a si mesmo: "Como eu me comportaria e agiria, andaria e falaria se não tivesse medo algum?".

"Fingir até conseguir". Finja que não está com medo até que a sua mente subconsciente acabe aceitando que você não sente medo, e assim ele irá embora.

Crie o hábito da coragem. Sempre que tiver uma escolha de retroceder ou avançar, atreva-se a seguir em frente. Há um ditado zulu que diz o seguinte: "Se você enfrentar dois perigos, um atrás de você e outro à sua frente, sempre avance em direção ao que está na frente". Continue tomando a decisão de ir em frente até que se torne tão automático que você jamais recuará diante de nada.

SAÚDE E FELICIDADE

A coragem é absolutamente essencial para o sucesso pessoal e para a saúde psicológica; é uma qualidade aprendida. Mesmo que você tenha tido experiências no passado que tenham causado hesitação ou temor em determinadas situações, você pode superar esses sentimentos para se tornar tão corajoso quanto um jogador de futebol, apenas praticando a coragem repetidamente.

Uma grande porcentagem de pessoas bem-sucedidas diz que, quando eram jovens, durante os anos de formação, leram biografias e autobiografias de homens e mulheres de sucesso. Leram as histórias de pessoas que superaram obstáculos e realizaram grandes coisas na vida.

EXERCÍCIOS DE AÇÃO

1. Pense em alguma pessoa que você teme confrontar, ou em alguma atitude que você tem medo de tomar e atreva-se a seguir em frente. Enfrente o medo. Lide com ele e deixe essa história para trás.
2. Pratique a autossugestão. Fale positivamente consigo mesmo todos os dias. Diga as palavras: “Eu consigo! Posso fazer qualquer coisa a que me dispuser mentalmente”, até que se tornem uma nova realidade na sua vida.

- QUATRO -

SEJA VERDADEIRO CONSIGO MESMO

A SUA REPUTAÇÃO é o seu bem mais valioso. É a maneira segundo a qual as pessoas pensam em você e falam de você que determina o seu sucesso e o seu progresso mais do que qualquer outro fator. Quando as pessoas o consideram uma pessoa de caráter e de competência, o seu futuro está assegurado.

Peter Drucker disse que "a integridade é a qualidade de liderança mais importante". Representa quanto as pessoas acreditam e confiam em você e sabem que você fará o que diz que vai fazer; e isso é mais importante do que qualquer outro fator.

Crie o hábito de praticar a honestidade e a integridade em tudo o que fizer. Sem integridade, nada mais é possível. A falta de integridade em uma única área é muitas vezes a falha fatal que impede as pessoas de progredir durante toda a vida.

INTEGRIDADE DEFINIDA

Ao definir integridade, não estamos falando de trapaças, de mentiras e de roubar outras pessoas. A maioria das pessoas não faz essas coisas. Noventa por cento das pessoas são geralmente bem honestas.

Integridade significa ser verdadeiro consigo mesmo, ser perfeitamente honesto consigo mesmo em todos os aspectos. Este é o lugar em que a verdadeira integridade começa. Se você não for honesto consigo mesmo, terá a tendência de ser desonesto com as demais pessoas. A chave é falar a verdade e viver a verdade com todas as pessoas.

Shakespeare disse: "Acima de tudo, sê fiel a ti mesmo, disso se segue, como a noite vem após o dia, que não podes ser falso com ninguém".

OS SEUS VALORES MAIS ÍNTIMOS

Ser honesto com você mesmo significa viver de forma coerente com os seus valores e as suas convicções mais íntimos. Só trabalhamos com o que nos importamos, com aquilo que entendemos ser importante e que faz diferença na vida de outras pessoas.

Talvez a palavra fundamental seja *importância*. Se você realmente se importa com o seu trabalho, provavelmente está na profissão para a qual foi destinado. Se não se importa com o seu trabalho, pode, de fato, estar vivendo uma mentira. Se não se sentir totalmente envolvido com o seu trabalho, não significa que há algo errado com ele; talvez esse trabalho seja errado para *você*. Acontece que você nunca será bem-sucedido fazendo algo pelo qual não se importa.

CONFIE NA SUA INTUIÇÃO

Ralph Waldo Emerson disse: "Confie em você mesmo: todo coração vibra para aquela corda de ferro". Ouça o que chamam de "voz mansa e delicada" que está dentro de você. O ponto de partida da verdadeira grandeza na vida humana é quando essa voz começa a ser ouvida, quando você começa a confiar na intuição e a seguir o fluxo do que ela lhe diz para fazer.

Earl Nightingale disse: "Quando você começa a ouvir a sua voz interior, provavelmente nunca mais cometerá outro erro".

A coisa maravilhosa sobre a intuição é que ela está sempre certa, é sempre verdadeira. Toda vez que não tiver certeza do que fazer, reserve alguns momentos para ficar sozinho e apenas ouça. A voz interior quase sempre indicará a direção exata e necessária e dirá qual é o curso de ação correto.

Ao mesmo tempo, decida nunca fazer nada que seja incongruente com essa voz. Quando seguir a orientação da sua voz interior, raramente vai errar. E, quanto mais confiar nela, mais precisa ela se torna, e vai funcionar de forma mais rápida.

MANTENHA AS SUAS PROMESSAS

Sempre cumpra as suas promessas. Faça promessas com moderação, mas, ao se comprometer a fazer algo, decida seguir adiante, não importa o custo.

Há um ponto interessante em relação a promessas. Sempre que fizer uma promessa e cumpri-la, principalmente quando houver um esforço ou um sacrifício inesperado envolvido, você se sentirá melhor consigo mesmo. A sua autoestima e a sua autoconfiança aumentarão. Manter promessas o fará sentir-se mais forte por dentro; além disso, os níveis de autorrespeito e de orgulho pessoal atingirão graus mais elevados.

Contudo, sempre que quebrar uma promessa, ou deixar de honrar uma promessa feita, você se sentirá negativo e inferior por dentro, além de se sentir fraco e pequeno.

Não cumprir as promessas muitas vezes leva você a criticar, reclamar e condenar outras pessoas, inventando desculpas como: "Todo mundo faz isso".

SEJA UMA PESSOA DE HONRA

Existem dois tipos de promessas; as que você faz aos outros e as que faz a *si mesmo*. Assim como é importante para a sua reputação manter a palavra e ser conhecido como uma pessoa de honra nos relacionamentos com os outros, também é vital que você cumpra as promessas que faz a si mesmo.

Se prometer para você mesmo que vai se exercitar todos os dias, melhorar a dieta, ser pontual nas reuniões ou concluir um curso de formação, é essencial manter essas promessas. Mesmo que ninguém mais saiba quais são as promessas que você fez, ao fazer uma promessa a si mesmo e não conseguir cumpri-la, a autoconfiança e a autoestima acabam sendo minadas.

Prometa com cautela. Prometa com cuidado. Prometa ponderadamente, mas, ao fazer uma promessa a si mesmo ou a qualquer outra pessoa, tenha disciplina para realizá-la. Você ficará surpreso com a diferença em como as pessoas o veem e em como você se sente a respeito de si mesmo.

EXERCÍCIOS DE AÇÃO

1. Identifique uma área da vida em que você não se sinta confortável ou comprometido e decida incorporá-la inteiramente ou eliminá-la por completo da sua vida.
2. Identifique as promessas que você fez a outras pessoas ou a si mesmo, e que ainda não foram cumpridas, e decida cumpri-las até uma data específica.

- CINCO -

DESENVOLVA UMA ATITUDE MENTAL POSITIVA

SHAKESPEARE ESCREVEU: "Nada é bom ou ruim, mas o pensamento o torna uma coisa ou outra".

Existe uma fórmula que diz que mais do que a *aptidão*, é a *atitude* que determina a *altitude*.

Quanto mais positivo e construtivo você se tornar, mais será amado e respeitado. Terá rendimento maior e será promovido mais rapidamente. Além disso, mais pessoas vão gostar de você, apoiá-lo, querer estar perto e cooperar com você.

Quanto mais positivo você se tornar, mais influente e persuasivo será com outras pessoas. Assim como as flores se abrem ao brilho do sol, as pessoas se abrem para quem tem a atitude acolhedora e amigável em relação a elas.

Maya Angelou nos presenteou com a célebre frase: "As pessoas podem não lembrar exatamente o que você fez ou o que disse, mas sempre se lembrarão de como você as fez se sentir".

OTIMISMO APRENDIDO

Um total de 85% do sucesso e do progresso pessoal será determinado pela atitude. De acordo com Martin Seligman, da Universidade da Pensilvânia, a qualidade mais importante para prever o sucesso e a felicidade na vida é o *otimismo*. Uma qualidade que não apenas pode ser mensurada, como também pode ser aprendida.

Como aprendemos a nos tornar otimistas, ou seja, como nos tornamos pessoas completamente positivas? Bem, como já sabemos que nos tornamos aquilo que pensamos a maior parte do tempo, a chave para se tornar otimista é pensar como os otimistas até que se torne natural para você. E como os otimistas pensam na maioria das vezes?

PENSE NO QUE ALMEJA

Os otimistas pensam no que desejam e em como obtê-lo. Pensam nas metas e nas etapas específicas que devem ser estabelecidas e cumpridas diariamente para que caminhem cada vez mais em direção ao que se quer alcançar. Cada passo dado em direção a uma meta de extrema importância faz que passemos a nos sentir positivos, poderosos e mais otimistas.

Observe este ponto importante: a mente consciente pode manter centenas de pensamentos seguidos, mas só pode conter um pensamento de cada vez, seja positivo, seja negativo. Se você deliberadamente mantiver em mente um pensamento positivo em relação a uma meta que deseja alcançar e em relação às ações específicas que pode tomar para alcançá-la, então bloqueará automaticamente os pensamentos negativos.

Um dos maiores de todos os princípios de sucesso é pensar nas metas o tempo todo: de manhã, de tarde e de noite. Sempre que tiver uma experiência negativa, pense na sua meta. Sempre que tiver um revés ou uma decepção, pense nela. Use o pensamento relacionado à sua meta para anular os pensamentos negativos até que isso se torne automático e fácil.

ENCONTRE UMA LIÇÃO IMPORTANTE

Em cada revés ou dificuldade, tente encontrar uma lição importante. Todo problema ou obstáculo vivido contém *algum tipo de lição*, e muitas vezes várias lições. Ao procurar pela lição, pergunte-se o que pode ser aprendido com tal situação. Assim, a mente permanecerá positiva, e você terá o controle completo das suas emoções.

NUTRA A MENTE CONTINUAMENTE

Alimente a mente continuamente com ideias e informações positivas. Leia livros e artigos positivos, tenha acesso a informações que o ajudem a melhorar a sua vida pessoal e profissional. Ouça *podcasts* de aprendizagem otimistas no celular, no carro ou em qualquer outro meio. Assista a palestras, seminários e oficinas otimistas para aprender ideias valiosas e construtivas que o auxiliem a melhorar a sua qualidade de vida.

CONTROLE A SUA ATITUDE

A atitude é composta de duas partes: a atitude em relação a *você mesmo* e a atitude em relação aos *outros*. Quanto mais pensar em si mesmo como uma pessoa valiosa, boa e digna, mais otimista, positivo e bem-sucedido será.

Quanto mais tiver uma atitude positiva em relação a si mesmo, mais terá uma atitude positiva em relação aos outros também. As duas estão inter-relacionadas. Parece haver uma relação interdependente entre as duas.

VOCÊ PRECISA DE OUTRAS PESSOAS

Tudo o que você alcançar no trabalho exigirá ajuda e cooperação de outras pessoas, e muitas vezes de várias pessoas. Hoje, as pessoas só ajudam ao próximo se assim quiserem, não porque devem fazer isso. Quando se é consistentemente otimista em relação aos outros, procurando o bem, ouvindo as demais pessoas com atenção, fazendo muitas perguntas, o interesse do outro em relação a você cresce e as pessoas tornam-se abertas à sua influência. Dessa forma, irão querer ajudá-lo, trabalhar com você e cooperar para que você alcance os seus objetivos.

O Instituto Carnegie de Tecnologia desenvolveu um estudo anos atrás, segundo o qual 95% das pessoas demitidas de grandes empresas durante um período de dez anos foram dispensadas por sua incapacidade de se dar bem com os outros, ou seja, a causa foi a atitude negativa, não a falta de competência.

Pessoas com atitudes positivas sempre tendem a ser promovidas e transferidas para cargos de maior responsabilidade. Isso ocorre porque as pessoas em posição de controle do próprio progresso preferem estar perto de pessoas agradáveis.

EXERCÍCIOS DE AÇÃO

1. Pense nas suas metas e nos passos que pode dar diariamente para atingi-las. Tenha continuamente

em mente pensamentos positivos em relação às metas almejadas até se tornar uma pessoa genuinamente positiva.

2. Identifique uma das lições que você pode aprender com uma situação difícil com a qual está lidando hoje. Reflita sobre a lição para perceber algo valioso que pode ajudá-lo a ter ainda mais sucesso no futuro.

- SEIS -

COMUNIQUE-SE POSITIVAMENTE E ESPERE O MELHOR

A FORMA DE VOCÊ se comunicar determina amplamente a sua qualidade de vida. Em um estudo, os executivos seniores foram solicitados a nomear as habilidades mais importantes relacionadas à liderança e aos negócios. Oitenta e seis por cento disseram que a habilidade essencial, de muito mais importância do que todas as outras, era a de se comunicar.

Essa habilidade inclui não apenas a comunicação com os outros, mas também a forma de se comunicar consigo mesmo, ou seja, seus diálogos interiores e a maneira positiva de falar de si mesmo.

ESTILO EXPLICATIVO

Um total de 95% das emoções é determinado pelo diálogo interior ou pelo "estilo explicativo". Quando explicamos as coisas para nós mesmos e para os outros de uma maneira positiva e construtiva, permanecemos calmos, claros e no controle da situação. Entretanto, quando explicamos ou interpretamos as coisas de maneira negativa, tornamo-nos imediatamente negativos, irritados e menos eficazes.

Escolha as palavras com cuidado. Use palavras positivas no lugar de palavras negativas. Em vez de usar a palavra *problema*, que é negativa e desencadeia emoções negativas, use a palavra *situação*, que é neutra.

Melhor ainda, use a palavra *desafio*. Diga: "Estamos enfrentando um desafio interessante aqui hoje", ou um desafio inesperado ou um desafio incomum.

Um desafio é algo que se enfrenta, algo que desperta o melhor em você e nos outros. Na verdade, é algo pelo qual ansiamos de forma positiva.

A melhor palavra de todas para descrever um problema é *oportunidade*. Algumas das maiores oportunidades nos negócios e na vida pessoal podem estar, a princípio, disfarçadas de problemas, obstáculos ou até mesmo de fracassos completos em relação a um produto ou a uma carreira.

FALE DE SI MESMO DE FORMA POSITIVA

Sempre fale positivamente de si mesmo. Tome cuidado para nunca dizer algo sobre si que não queira que seja verdade. Nunca se critique nem se coloque para baixo. Se cometer um erro, procure bloqueá-lo imediatamente dizendo algo como: "Farei melhor da próxima vez".

Quando as pessoas perguntarem como vão as coisas, diga que tudo vai muito bem. Mesmo que esteja passando por problemas, não é necessário expressar as suas preocupações ou compartilhar os seus problemas com outras pessoas.

PROGRAME O SUBCONSCIENTE

Ao falar positivamente de você consigo mesmo, as palavras são logo aceitas pela mente subconsciente como comandos. A mente subconsciente atualizará os sentimentos, a linguagem corporal e as emoções condizentes com as palavras enunciadas. Fale consigo mesmo do jeito que almeja ser, não do jeito que é hoje. Quanto mais fizer isso, mais sentirá as emoções coerentes com as palavras ditas.

Mantenha-se otimista e alegre externamente. Seja uma voz constante de encorajamento e reforço às pessoas ao seu redor. Diga à sua equipe que todos estão fazendo um bom trabalho. Agradeça-os regularmente pelas pequenas e pelas grandes conquistas.

EXPECTATIVAS POSITIVAS

Uma das ferramentas motivacionais mais poderosas de todas é manter expectativas positivas, tanto sobre si mesmo quanto sobre outros. Este é o motivo pelo qual procuramos o bem nas pessoas e em todas as situações.

O efeito das expectativas positivas foi pesquisado durante muitos anos na Universidade Harvard por David Rosenthal, que descobriu que tendemos a não conseguir o que queremos, mas o que esperamos da vida.

E isso não é tudo. O estudo concluiu ainda que as nossas expectativas, expressas verbalmente ou não, exercem efeito poderoso no comportamento das demais pessoas.

As expectativas que os pais tiveram em relação aos filhos enquanto cresciam exercem um impacto desordenado nas pessoas que se tornam e nas crenças que têm sobre si mesmos quando adultos. A maioria dos problemas na vida adulta pode ser rastreada até as críticas e as expectativas negativas vivenciadas durantes os primeiros três a cinco anos de vida.

AS EXPECTATIVAS AFETAM A VIDA

As expectativas que você tem em relação ao seu *cônjuge* e aos seus *filhos* exercem um impacto desordenado no comportamento deles e em como se sentem em relação a si mesmos. Sempre lhes diga que você espera o melhor deles em tudo o que fizerem.

As expectativas do seu *chefe* influenciam diretamente o seu desempenho e a maneira de você se sentir em relação ao seu trabalho. Os melhores chefes são conhecidos como "chefes de expectativas positivas", pois sempre expressam alto nível de confiança nas pessoas que lhes prestam contas.

As expectativas em relação à sua *equipe de trabalho* também exercem influência sobre eles. A regra é sempre procurar o bem em cada pessoa e esperar o melhor. Dessa forma, você raramente ficará desapontado.

Finalmente, as suas expectativas em relação *a si mesmo* são as mais influentes de todas. Se você espera fazer algo com excelência, assim o fará. Se espera ser bem-sucedido, assim será. Se espera seguir com a dieta ou com o plano de aprendizado, é provável que o fará.

ESPERE GRANDES COISAS

Quando esperamos grandes coisas de nós mesmos e das pessoas ao redor, raramente ficamos desapontados.

Contudo, também raramente ficamos decepcionados quando esperamos coisas negativas.

W. Clement Stone, um dos homens mais ricos da América em sua época, por ter iniciado sua trajetória como órfão entregador de jornais nas ruas de Chicago, exortava cada pessoa a se tornar um "paranoico ao contrário".

O paranoico é uma pessoa convencida de que o mundo conspira para machucá-lo de alguma forma. Os paranoicos são desconfiados e suspeitam dos demais. Esperam pelo pior em praticamente todas as situações. Olham constantemente por cima do ombro, convencidos de que os outros estão "ali para aprontar com eles".

Um paranoico *ao contrário*, por outro lado, é uma pessoa convencida de que o mundo conspira para fazer o bem, para ajudá-lo a ser mais bem-sucedido. Os paranoicos *ao contrário* olham para cada pessoa, para cada problema e situação como parte de uma grande conspiração organizada para ajudá-los a ter mais sucesso no futuro.

Comunique-se positivamente consigo mesmo e com os outros. Sempre espere o melhor. Sempre procure o bem. Sempre diga às pessoas quanto as aprecia e acredita nelas. Você vai se surpreender com a diferença que essa perspectiva fará na sua carreira.

EXERCÍCIOS DE AÇÃO

1. Levante-se todas as manhãs e diga enfaticamente: "Sinto-me feliz! Sinto-me saudável! Sinto-me ótimo!". Ao longo do dia, sempre que alguém perguntar como você se sente, responda com um grande sorriso, dizendo: "Sinto-me incrível!".

2. Sempre espere pelo melhor de si mesmo e dos outros. Diga-lhes que tem total confiança de que serão bem-sucedidos e farão um grande trabalho. As expectativas moldarão as emoções e o comportamento deles.

- SETE -

DESENVOLVA PROPENSÃO PARA A AÇÃO

AO LONGO DOS ANOS, dei mais de 5 mil entrevistas em rádio, TV, revistas, informativos, jornais, blogues e para o grande público. Em todos os lugares, as pessoas repetiam a mesma pergunta: "Qual é o segredo do sucesso?".

No entanto, como Og Mandino me disse certa vez: "Não há segredo para o sucesso; existem apenas verdades eternas que são sempre redescobertas".

Dito isso, acho que um dos grandes segredos para o sucesso nos negócios é simplesmente a "conclusão da tarefa". Na análise final, você será julgado pela capacidade de obter os resultados que as pessoas querem, precisam, valorizam e pelos quais pagarão. Aquelas que recebem altos salários e são promovidas a cargos *sênior* são as que desenvolveram uma reputação por ter concluído o trabalho – por ter obtido resultados muito superiores aos alcançados pelo funcionário mediano.

FOCO NOS RESULTADOS

Peter Drucker disse que a primeira pergunta de um executivo deveria ser: "Que resultados esperam que eu alcance?" Esta deve ser a sua primeira pergunta também.

A chave para a conclusão de uma tarefa é simplesmente "seguir em frente e continuar avançando". É isso o que realmente resume o início e o fim da realização no mundo do trabalho. David Allen aborda essa questão em *A arte de fazer acontecer*, livro popular de gerenciamento de tempo.

Em um estudo com 104 CEOs, perguntaram aos entrevistados quais seriam as qualidades mais importantes para progredir na empresa deles. A maioria apresentou como resposta duas qualidades. A primeira é a capacidade de estabelecer prioridades: determinar o que é mais importante e o que é menos importante. A segunda qualidade para o progresso é a capacidade de começar e executar o trabalho rapidamente e bem.

APROVEITE AS OPORTUNIDADES AGINDO RAPIDAMENTE

Nada vai fazer a sua carreira progredir com mais rapidez do que o fato de você se tornar conhecido como o homem ou a mulher de referência na empresa. A melhor reputação a ser desenvolvida é tornar-se a pessoa a quem todos recorrem quando querem que algo seja feito rapidamente. Se quiserem que algo seja *simplesmente* feito, pedirão a qualquer pessoa para fazê-lo. Mas, sempre que velocidade for essencial, você será a primeira pessoa em quem pensarão.

A propensão para a ação – um senso de urgência – é uma das qualidades mais importantes para a promoção. Mesmo que você tenha a reputação de fazer um excelente trabalho, mas a lentidão em executá-lo é o suficiente para retê-lo mais do que imagina.

ORIENTAÇÃO PARA A AÇÃO

As pessoas bem-sucedidas têm uma série de "orientações", de formas costumeiras de pensar, que as diferenciam da média. Uma delas é a "orientação para a ação". Esta é uma propensão que os faz pensar continuamente em ações específicas que podem ser tomadas para que seus objetivos sejam atingidos e o trabalho seja feito rapidamente.

Essas pessoas estão constantemente em movimento. Andam rapidamente, movimentam-se com agilidade, agem com velocidade, pensam de forma rápida e até mesmo falam rapidamente. São impacientes. Pensam continuamente em começar e concluir tarefas.

Se a conclusão da tarefa é a chave para o sucesso, e iniciá-las é a chave para concluí-las, a próxima pergunta é: "Em qual tarefa específica você deve trabalhar?".

FAÇA O MAIS IMPORTANTE PRIMEIRO

A resposta é simples. Se você vai trabalhar duro, com rapidez, de forma ágil e confiável ao executar uma tarefa, certifique-se de que seja a tarefa mais importante à qual se dedica, em termos dos resultados que espera obter do seu trabalho.

Defina prioridades, determine a tarefa mais importante e então concentre-se nela com determinação, focando 100%, até concluí-la.

Quer ganhar mais dinheiro? Quer obter resultados melhores e mais valiosos, principalmente aqueles que o seu chefe considera os mais importantes de todos?

Então determine as tarefas mais importantes, a fim de dar a maior contribuição à empresa na qual trabalha; comece e trabalhe incessantemente nelas até que sejam concluídas.

Ao desenvolver a propensão para a ação e o senso de urgência para começar e continuar até que a tarefa principal seja concluída, você automaticamente iniciará o caminho rápido para o sucesso.

EXERCÍCIOS DE AÇÃO

1. Converse com o seu chefe e determine os resultados mais importantes que você pode obter no seu trabalho. Lembre-se: ocupar-se de qualquer coisa que não seja a tarefa mais importante é relativa perda de tempo. Na verdade, trabalhar em tarefas de pouco valor quando poderia se dedicar a outras de alto valor pode realmente sabotar a sua carreira.
2. Selecione uma tarefa – a mais importante de todas –, dedique-se a ela imediatamente e depois mantenha a disciplina de continuar trabalhando focado nela até que seja concluída. Repita essa ação quantas vezes for preciso em relação a todas as suas principais tarefas até que a conclusão de cada uma se torne um hábito.

- OITO -

SATISFAÇA OS CLIENTES MAIS IMPORTANTES

CERTA VEZ, perguntaram a Albert Einstein: "Qual é o propósito da vida humana?".

Ele ponderou sobre a questão por um tempo e respondeu: "Devemos estar aqui para servir a outros. Que outro propósito poderia existir?".

Estamos aqui para servir a outros de alguma forma. Isso é verdadeiro em relação ao nosso trabalho, assim como em relação à nossa vida pessoal e familiar. Nos negócios, as suas recompensas serão sempre diretamente proporcionais ao valor do serviço que você presta a outras pessoas. Se quiser aumentar as recompensas, tanto financeiras quanto profissionais, deve se concentrar em aumentar o valor do seu serviço.

IDENTIFIQUE OS CLIENTES

Quem são os seus clientes? Esta é uma das perguntas mais importantes a serem feitas e respondidas.

Os seus clientes são as pessoas das quais você depende para progredir e que dependem de você para algo que precisam e desejam.

Com essa definição, você tem *três* clientes principais: o seu chefe, os seus subordinados e os clientes para os produtos fabricados e os serviços que você presta.

O CHEFE

O seu chefe é o principal cliente. O sucesso e a felicidade da sua carreira serão em grande parte, se não totalmente, determinados por quanto você agrada ao seu chefe e pelos sentimentos positivos dele em relação a você.

Algumas pessoas perdem isso de vista completamente. Pensam que trabalham para a empresa e veem o chefe de forma neutra ou crítica. Não percebem que todo o futuro delas será determinado pelo nível de felicidade que proporcionam diariamente a seu cliente principal: o chefe.

A MINHA GRANDE OPORTUNIDADE

Um dia, recebi um telefonema de um executivo poderoso, presidente e proprietário de uma das maiores empresas do país. Encontrei e falei com ele algumas vezes, por isso sabia que ele estava ciente da minha existência. Ele então me perguntou se eu gostaria de trabalhar para ele como assistente pessoal. Aceitei imediatamente.

A partir daquele dia, sem saber muito bem como funcionavam aquelas corporações, concentrei-me em uma coisa. Fazia tudo o que ele me pedia; era rápido e dava o melhor de mim, e isso era o suficiente.

Ele me orientou e me instruiu como se fosse um treinador esportivo. Disse-me o que fazer a mais e o que fazer a menos. Encontrava-me com ele quase todas as noites por uma hora para obter orientações e instruções. Em um ano, eu administrava três setores da empresa, e era responsável por gerar uma receita de milhões de dólares. Eu tinha três escritórios, cada um com equipe própria. Ele impulsionou a minha carreira com mais rapidez do que qualquer um que já havia trabalhado para ele nas mais de 200 empresas que possuía, em uma carreira de negócios de trinta anos.

O SEGREDO

O meu segredo era simples. Reconheci que ele era o meu principal cliente. Enquanto eu o fizesse feliz, estaria completamente livre da politicagem e das deslealdades que ocorrem nas grandes corporações.

Em pouco tempo, tornei-me o "cara de referência" daquela empresa. Quando surgiam tarefas importantes, eu era o primeiro a ser chamado por ele para executá-las. Era minha função descobrir como fazer o trabalho e contratar as mais de 30 pessoas que acabei precisando ter na equipe.

EQUIPE E COLEGAS DE TRABALHO

O segundo conjunto de clientes é representado pela sua equipe e pelos colegas de trabalho. Essas são as pessoas de quem você depende e que dependem de você. As melhores empresas e equipes de trabalho mantêm a comunicação o mais aberta possível. Todo mundo sabe o que todo mundo está fazendo e como o trabalho de cada pessoa se encaixa no quadro geral. Há uma discussão ativa e contínua sobre o trabalho e como cada pessoa pode dar uma contribuição mais valiosa para obter os resultados que o departamento ou a empresa espera.

O FREGUÊS OU O CLIENTE

Obviamente, o terceiro cliente é aquele que compra os produtos fabricados e os serviços prestados pela empresa. Trata-se do cliente mais importante de todos, e é por isso que Tom Peters disse que o princípio mais importante para o sucesso nos negócios é "a obsessão pelo atendimento ao cliente".

Quem são os seus clientes mais importantes? O que é valioso para eles? Por que compram os seus produtos ou serviços? O que você pode fazer para servir-lhes, satisfazê-los, agradá-los e torná-los mais felizes do que os concorrentes?

A CHAVE PARA O SUCESSO EMPRESARIAL

Às vezes, as pessoas me perguntam o que penso ser a chave para o sucesso do negócio. Digo a eles que todo sucesso nos negócios pode ser resumido a uma palavra: MAIS. Para ter sucesso nos negócios, você tem de fazer os clientes felizes. Todo mundo sabe disso. Mas, para ser realmente bem-sucedido, precisa fazê-los *mais* felizes. Tem de atendê-los *mais* rápido e melhor, *mais* barato e tornar *mais* fácil para eles fazer negócios com você do que com qualquer outra pessoa.

Da mesma forma, o seu sucesso é determinado por essa mesma palavra. O que você pode fazer, a partir de hoje, para agradar os clientes mais importantes *mais* do que qualquer outra pessoa? O que pode fazer para torná-los *mais* felizes? O seu futuro está na sua habilidade em fazer essas perguntas, responder a elas e honrá-las.

EXERCÍCIOS DE AÇÃO

1. Quem são os seus clientes mais importantes, aqueles dos quais você mais depende para ter sucesso e que também dependem de você para obter sucesso e satisfação?
2. Decida pelo menos uma coisa que você pode fazer imediatamente para deixar o seu cliente mais importante mais feliz com o seu trabalho e com o seu serviço do que com o de qualquer outra pessoa.

- NOVE -

TRABALHE DURO

QUANDO EU ERA adolescente, tinha uma ambição bastante comum: ser milionário aos 30 anos. Quando fiz 30 anos, ainda estava duro e passando por dificuldades. Quando tinha 35 anos, comecei a dar palestras em seminários e em oficinas sobre sucesso pessoal e empresarial. Um dia, o presidente de uma corporação nacional com mais de 800 filiais, todas de propriedade independente, perguntou se eu falaria na reunião anual de sua empresa sobre como se tornar um milionário empreendedor.

Claro que concordei. Oradores iniciantes conseguem envolver quase qualquer público sobre praticamente qualquer assunto. Contudo, ao desligar o telefone, percebi que, apesar de a ideia de me tornar um milionário empreendedor ter sido a minha ambição durante quase toda a vida adulta, eu não sabia muito sobre milionários empreendedores. Essa percepção mudou a minha vida.

O QUE APRENDI

Felizmente, tive dois meses para me preparar para o seminário. Imediatamente comecei a trabalhar e a pesquisar todas as fontes que encontrei sobre milionários empreendedores. Fiquei espantado ao descobrir que havia um enorme *corpus* de pesquisas sobre o assunto. Ao longo dos anos, milhares de milionários empreendedores foram entrevistados. A pergunta feita era sempre a mesma: "Como você começou do nada e se tornou milionário em uma geração?".

Thomas Stanley, coautor com William Danko do *best-seller O milionário mora ao lado*, conduziu durante vários anos o que provavelmente foi a melhor pesquisa já realizada sobre milionários empreendedores. A descoberta foi a seguinte: um total de 85% dos milionários empreendedores disse que a chave para o sucesso era *trabalho duro, duro mesmo*. Diziam coisas do tipo: "Não tirei ótimas notas na escola. Não vim de família rica. Não era tão inteligente nem talentoso quanto outras pessoas. Mas uma coisa eu tinha. Estava disposto a trabalhar mais do que qualquer outra pessoa".

O DENOMINADOR COMUM

Parece que o trabalho árduo é o denominador comum entre os milionários, entre os bilionários e entre os grandes empreendedores em qualquer área. Provavelmente não há nada que chame mais a atenção dos superiores do que a reputação de trabalhar mais do que qualquer outra pessoa. Isso requer começar um pouco mais cedo, trabalhar um pouco mais e ficar até um pouco mais tarde. Grandes empreendedores sempre fazem mais do que se espera deles. Dedicam mais tempo ao trabalho do que qualquer outra pessoa. Não fazem apenas o que foram solicitados a fazer; fazem um pouco mais. É esse pouco mais que faz toda a diferença.

Supere as expectativas. Ninguém pode impedi-lo de fazer mais do que é pago para fazer. Se fizer mais do que está sendo pago hoje, acabará recebendo muito mais do que recebe hoje. E lembre-se: você não correrá riscos de ficar para trás quando caminha à frente de todos.

AS COISAS *NÃO* SÃO IGUAIS

Há muita conversa e controvérsia política em torno do tema da "desigualdade" na nossa sociedade. Por que algumas pessoas e famílias ganham muito mais do que outras? As razões não agradam a muitos.

A resposta é bem simples. Pessoas e famílias bem-sucedidas trabalham muito mais horas do que pessoas e famílias malsucedidas. As pessoas 20% mais ricas dos Estados Unidos trabalham uma média de 60 horas por semana. Pessoas e famílias que estão entre os 20% com a renda mais baixa trabalham menos de 20 horas por semana, e algumas nem sequer trabalham.

Além disso, os 20% mais ricos trabalham com muito mais afinco durante as muitas horas que se dedicam a mais. Os 20% com a pior renda geralmente fazem o mínimo possível para evitar perder o emprego.

Milionários empreendedores trabalham uma média de 59 horas por semana, e muitas vezes chegam a 70, 80 horas, por muitos anos. David Foster, o empresário da música, foi questionado certa vez sobre o que fazia nos fins de semana para relaxar. Ele parou para pensar na resposta e disse: "Não conheço nenhuma pessoa bem-sucedida que trabalha menos de seis dias por semana".

TRABALHE O TEMPO TODO ENQUANTO TRABALHA

Aqui está outra chave para o sucesso: trabalhe o tempo todo enquanto trabalha. Quando for trabalhar, não perca tempo. Abaixe a cabeça e trabalhe o dia todo. Se alguém quiser falar com você, diga: "Adoraria conversar, mas agora tenho que *voltar ao trabalho*. Por que não conversamos depois?".

De acordo com a Robert Half & Associates, 50% do tempo de trabalho é desperdiçado, principalmente, em bate-papos insignificantes com colegas de trabalho e em jogos na internet e nas redes sociais. O funcionário médio chega em cima da hora, faz pausas para café e prolonga o tempo de almoço, às vezes vai às compras durante o dia, cuida de assuntos pessoais, lê o jornal, e vai embora assim que der o horário.

A descrição acima não se aplica aos profissionais de alto desempenho nem às pessoas que desejam o sucesso pela via rápida. Tais pessoas planejam o trabalho e trabalham em cima desse planejamento. Trabalham como se fossem corredores que saem em disparada assim que ouvem o tiro. Trabalham o dia todo e não perdem tempo. Dedicam-se aos assuntos de alta prioridade. Realizam as tarefas consideradas mais importantes para os chefes e para as empresas. Em todas as empresas, todo mundo sabe quem são os trabalhadores árduos, assim como todos também sabem quem são os preguiçosos.

QUANTO MAIS VOCÊ TRABALHA, MELHOR VOCÊ FICA

Faça o seguinte exercício. Imagine que estejam fazendo uma pesquisa secreta para determinar quem é a pessoa que mais trabalha na empresa. Ninguém mais além de você sabe que essa pesquisa está sendo conduzida. Transforme vencer esse concurso no seu objetivo principal. Tome a decisão de que, no final do ano, todos na empresa votarão em você como o funcionário mais esforçado.

A boa notícia é que quanto mais você trabalha, melhor você fica. Quanto melhor você fica, mais trabalho com excelência consegue fazer. Quanto mais trabalho com excelência fizer, mais rápido será promovido e terá um salário maior. Quando você desenvolver a reputação de ser o trabalhador mais empenhado da empresa, um mundo totalmente novo se abrirá para você.

EXERCÍCIOS DE AÇÃO

1. De agora em diante, decida começar a trabalhar uma hora mais cedo todos os dias. Ao longo do dia, trabalhe o tempo todo nas suas tarefas e decida ficar uma hora a mais do que todos os outros. Isso vai dobrar a sua produtividade, o seu desempenho e a sua produção desde o primeiro dia.
2. Selecione a tarefa mais importante a ser realizada e dedique-se a ela logo de manhã, trabalhando com determinação diária até que seja concluída.

- DEZ -

DEDIQUE-SE AO APRENDIZADO CONTÍNUO

TODOS QUEREM ganhar mais e ser promovidos mais rapidamente. Mas a maioria das pessoas espera que isso aconteça por um processo de osmose, pois pensam que as perspectivas de renda são determinadas pelos chefes e por forças econômicas.

Contudo, determinamos a nossa própria renda pelo que fazemos e pelo que deixamos de fazer. Estamos onde estamos e somos o que somos porque *decidimos* estar ali, consciente ou inconscientemente. Se você não está satisfeito com a sua renda atual, vá até o espelho mais próximo e negocie com o seu chefe. Ele é a pessoa que determina quanto você ganha.

VOCÊ ATINGIU O LIMITE HOJE

A verdade é que você atingiu o limite de renda possível hoje com o conhecimento e a habilidade que possui atualmente. Chegou o mais longe possível com o que já sabe. Se quiser ganhar mais no futuro, deverá adquirir novos conhecimentos e desenvolver novas habilidades que lhe permitirão obter mais e melhores resultados, pois estarão alinhados ao que outras pessoas querem, precisam e estão dispostas a pagar.

A boa notícia é que você pode se tornar qualquer coisa que quiser se estiver disposto a estudar bastante e a se preparar para isso. O autoaperfeiçoamento contínuo representa a atualização contínua das habilidades, do treinamento constante, do aprendizado contínuo e do ato de sempre seguir adiante.

A REGRA 80/20 NOVAMENTE

Gary Becker, economista ganhador do Prêmio Nobel da Universidade de Chicago, realizou um estudo sobre desigualdade de renda. O que ele descobriu foi que a população se divide em aproximadamente duas categorias, os 20% com a renda mais alta e os 80% com a renda mais baixa.

Becker descobriu que esses 80% com a renda mais baixa aumentaram a receita em cerca de 3% ao ano, 1% acima da taxa de inflação. É por isso que nunca progridem. Estão sempre endividados. Preocupam-se com dinheiro durante a vida toda. Quando atingem a idade da aposentadoria, possuem muito pouco reservado para os anos posteriores.

Becker também descobriu que os 80% com a renda mais baixa raramente aprendem algo novo depois do primeiro emprego. Fazem o mesmo trabalho da mesma maneira, ano após ano, nunca leem, nem aprendem, nem estudam, nem atualizam suas habilidades. Como se cercam de pessoas que também não aprendem nada novo nem progridem na carreira, automaticamente pressupõem que esse estilo de vida de não aprendizagem é a forma da qual todos vivem.

AS PESSOAS MAIS BEM PAGAS

Entretanto, Becker também descobriu que os 20% com renda mais alta aumentaram os rendimentos em uma média de 11% ao ano. A razão é simples. Durante toda a vida, mantiveram-se aprendizes contínuos.

Os 20% com a maior renda são pessoas que leem todos os livros de negócios e de desenvolvimento pessoal. Participam de todos os seminários e oficinas para aperfeiçoar suas habilidades. Compram e ouvem todos os programas educacionais que encontram. Estão continuamente associados a pessoas que pensam de forma semelhante. As conversas giram sempre em torno de ideias, percepções e fontes de novas informações que podem ser usadas para torná-los mais produtivos e obter resultados melhores, mais rápidos e de forma mais fácil.

A FÓRMULA DE TRÊS PARTES

Existem três maneiras de se tornar um contínuo aprendiz para o resto da vida. Ao praticar essas três ideias, a sua vida vai mudar, e muitas vezes mais rapidamente do que imagina. Uma nova ideia ou percepção que você aplicar ao seu trabalho pode fazer a sua carreira progredir em um, dois e até mesmo cinco anos.

LEIA TODOS OS DIAS

Primeira: decida ler pelo menos *uma hora* por dia sobre a sua área de trabalho. Deixe de lado os jornais e as revistas, desligue a televisão, desligue o computador e concentre-se em ler algo valioso e útil para a sua carreira profissional.

Se você ler os melhores livros de negócios da sua área uma hora por dia, lerá uma média de um livro por semana. Um livro por semana totaliza 50 livros por ano. Como é necessário ler e resumir de 30 a 50 livros para obter um doutorado em uma universidade de ponta, é possível ganhar o equivalente a um doutorado na área de trabalho todos os anos simplesmente lendo uma hora por dia, e depois pensar em como aplicar novas ideias para obter melhores resultados.

OUÇA E APRENDA

Segunda: ouça *podcasts* de aprendizagem em cada oportunidade que tiver. Ouça CDs no carro. Ouça os melhores audiolivros no *smartphone* quando estiver dirigindo, caminhando, dentro de um avião ou simplesmente esperando no aeroporto.

Em média, as pessoas passam de 500 a 1.000 horas no carro por ano. Isso é o equivalente a 12 e 24 semanas de trabalho (de 40 horas semanais), ou a um ou dois semestres de estudo.

VOLTE A ESTUDAR

Terceira: faça todo treinamento que puder. Participe de seminários oferecidos pela empresa onde trabalha ou fora dela. Pague por treinamento adicional, se necessário.

Depois de determinar o caminho que deseja para a sua carreira, descubra o que precisa aprender para chegar aonde almeja. Torne-se especialista em gerenciamento de tempo e em comunicação pessoal. Torne-se especialista em definição de metas, resolução de problemas, tomada de decisões e planejamento estratégico. Aprenda as habilidades necessárias para aprender a progredir mais rápido.

EXERCÍCIOS DE AÇÃO

1. Faça a si mesmo a seguinte pergunta: Qual habilidade, se fosse absolutamente excelente nela, iria ajudá-lo a progredir mais rápido na sua carreira?

   Seja qual for a resposta, elabore um plano para aprender essa habilidade e dedique-se a ela todos os dias. Lembre-se de que, para atingir uma meta (renda) nunca alcançada até então, é preciso aprender e praticar uma habilidade que você nunca teve antes.
2. Comprometa-se com a aprendizagem ao longo de toda a sua vida. Leia um pouco todos os dias. Ouça *podcasts* ao locomover-se para o trabalho e quando voltar para casa. Participe de cursos e seminários. Torne-se uma esponja de novas informações, buscando constantemente ideias que podem ajudá-lo a progredir ainda mais na sua carreira.

- ONZE -

TORNE-SE UM ORADOR COMPETENTE

DESENVOLVER a capacidade de falar de improviso pode acelerar a carreira em cinco ou dez anos. A capacidade de falar em público contribuirá enormemente para a sua determinação em geral, o equilíbrio, a coragem e a autoconfiança. Aprender a falar é um investimento que trará compensação durante toda a vida. E é algo que você pode aprender quando quiser.

As pessoas que conseguem falar em público são consideradas mais habilidosas, mais inteligentes, mais competentes e mais influentes do que outras. Quando você se levanta e fala de forma persuasiva, é visto como alguém mais bem informado e articulado e com mais convicção do que as pessoas que não sabem falar em público.

SUPERE O MEDO

De acordo com o livro Guinness dos recordes, o medo de falar em público é maior do que o medo da morte.

A maioria dos adultos (54%) classificam falar em público como a pior de todas as experiências possíveis. Até mesmo o simples pensamento de ter de falar em público pode fazer o estômago da maioria das pessoas revirar e o coração bater mais rápido. Só de pensar nisso já estremecem.

Felizmente, todos têm a capacidade de falar com competência e confiança na frente dos outros. Na verdade, nas minhas palestras, gosto de dizer: "Todos nesta sala começaram como excelentes oradores públicos. Você deu o primeiro discurso público completamente nu na frente de uma sala cheia de estranhos assim que nasceu".

O medo de falar em público é um medo aprendido. Ninguém nasce com ele. As pessoas desenvolvem esse medo ao longo da vida como resultado de experiências negativas que são reforçadas. Dessa forma, desenvolvem a crença autolimitante de que "esse é o meu jeito e pronto". Mas isso não é verdade.

FALAR É UMA HABILIDADE QUE PODE SER APRENDIDA

A competência de falar em público e fazer apresentações sobre negócios é um conjunto de habilidades e hábitos que podem ser aprendidos com prática e repetição.

Certa vez, perguntaram a Elbert Hubbard, um dos escritores mais prolíficos da história americana, como uma pessoa poderia se tornar um excelente escritor. Ele respondeu com as palavras imortais: "A única maneira de aprender a escrever é escrever e escrever e escrever e escrever e escrever e escrever".

Parafraseando Hubbard, a única maneira de aprender a falar é *falar e falar e falar e falar e falar e falar.*

Ao praticar a oratória na frente de pequenos e grandes grupos, o seu medo acaba desaparecendo e será substituído por sentimentos de confiança, coragem e entusiasmo.

COMECE

Inúmeros empresários me perguntaram como podem aprender a falar com competência. A resposta é sempre a mesma. Inscreva-se em um grupo local Toastmasters International[1] e participe das reuniões semanais. Outra alternativa é entrar em contato com o curso de oratória Dale Carnegie, ou da sua localidade, e fazer o curso. Sempre há boas opções.

Ambas as organizações que mencionei usam o que os psicólogos chamam de processo de "dessensibilização sistemática". Isso significa que estruturam as reuniões para que as pessoas tenham a chance de falar todas as vezes, repetidamente, até finalmente se preocuparem mais com a preparação do que com a própria fala.

FIQUE CADA VEZ MELHOR

A única maneira de aprender a falar é falando. Por estar na indústria da fala profissional há mais de trinta anos, descobri que existe uma relação direta entre o número de vezes que uma pessoa se levantou e falou em frente de um grupo e a competência dessa pessoa ao dirigir-se a uma plateia.

Há outro benefício em aprender a falar em público, além de fazer apresentações melhores, vender mais

---

1 Toastmasters Internacional, organização educacional sem fins lucrativos que é líder global em treinamento de oratória e influência, criada em 1924, na Califórnia. [N. do T.]

produtos, ganhar mais dinheiro e criar uma vida melhor para você e para sua família. A sua autoconfiança vai melhorará exponencialmente.

DÊ UM CURTO-CIRCUITO NO MEDO

Parece que existe uma relação direta entre o medo de rejeição (hipersensibilidade às opiniões e às reações de outros) e o medo de falar em público. Os dois estão ligados no mesmo circuito na mente subconsciente.

Ao superar o medo de falar em público, você superará, por meio da repetição contínua, o medo da rejeição. À medida que o medo da rejeição diminui, a autoconfiança em abordar outras pessoas e lidar com elas aumentará. Vendedores que superam o medo da rejeição e a síndrome de relutância (a expectativa de que o cliente em potencial será negativo ou desinteressado no produto ou serviço) logo se mostram absolutamente destemidos de falar cada vez mais a um número maior de pessoas.

MAIS UMA VANTAGEM

Quando você toma a decisão de superar o medo de falar em público e se mantém destemido em frente de uma plateia, passará o resto da vida *sem sentir medo*. Aprenderá pela própria experiência que pode enfrentar e lidar com qualquer medo que o impeça de progredir, eliminando-o para sempre. Esta é uma das experiências mais libertadoras de todas.

EXERCÍCIOS DE AÇÃO

1. Tome hoje a decisão de se tornar um excelente orador público nos próximos seis a doze meses e aja imediatamente.

2. Resolva participar da primeira reunião dos Toastmasters nos próximos sete dias. Existem clubes Toastmasters em todas as comunidades da América e do mundo. Estão abertos a todos.[2]

[2] No Brasil: https://toastmastersbrasil.org/. [N. do R.]

- DOZE -

ASSOCIE-SE ÀS PESSOAS CERTAS

A ESCOLHA de um grupo de companheiros de profissão determinará até 95% do que você se torna na vida. David McClelland, da Universidade Harvard, passou muitos anos pesquisando por que algumas pessoas têm sucesso e outras não, mesmo quando têm a mesma formação, o mesmo treinamento e as mesmas oportunidades. Ele descobriu que a escolha das pessoas com quem nos associamos diariamente, o "grupo de referência", determina o nosso sucesso ou o nosso fracasso mais do que qualquer outra coisa.

McClelland descobriu que o fator principal que determinava uma mudança positiva na vida ocorria quando começávamos a nos identificar com pessoas diferentes. Ele descobriu que quando as pessoas eram levadas a um "lugar distante" – um seminário, uma oficina, um retiro ou outro local em que se encontravam, conversavam e trabalhavam com pessoas diferentes – começam a desenvolver um novo grupo de referência.

Passavam a pensar em si mesmos mais como *essas* pessoas do que como as pessoas de casa.

VOE COM AS ÁGUIAS

O palestrante motivacional Zig Ziglar expressou isso muito bem: "Você não pode voar com as águias se continuar cercado de perus".

Ao se afastar de pessoas negativas e se associar a pessoas positivas, você começará a mudar a maneira de pensar, sentir e agir. Em um nível inconsciente, começará a fazer a seguinte pergunta a si mesmo: "O que as pessoas como eu, o meu novo grupo de referência, fariam em uma situação como esta?".

O CONCEITO DE MENTORIA

Estima-se que sua renda média anual seja a renda média das cinco pessoas com quem você mais se associa.

Na obra-prima de Napoleon Hill, *Quem pensa enriquece*, o autor identificou 17 qualidades dos multimilionários empreendedores mais ricos da América. A qualidade mais importante de todas, disse ele mais tarde na vida, é o "conceito de mentoria". Hill observou que os altos executivos só progridem rapidamente para cima e para a frente quando começam a se associar regularmente com outras pessoas importantes.

Você pode formar a sua própria rede de mentores identificando três ou quatro pessoas da comunidade a quem admira e como as quais deseja ser. Ligue para elas ou visite-as pessoalmente, convide-as a acompanhá-lo em uma sessão semanal de mentoria, seja para um café da manhã, seja para almoçar em uma lanchonete ou restaurante local.

Você ficará surpreso com a rapidez com que as pessoas concordam em participar de uma mentoria, caso sejam convidadas. Nessas reuniões, é possível usar uma abordagem estruturada ou não estruturada. É possível simplesmente deixar a conversa fluir, passando de pessoa para pessoa e de assunto para assunto por uma hora, ou é possível ter um foco específico para cada reunião.

TODOS TÊM SUCESSO EM UM NÍVEL SUPERIOR

Uma das mentorias de maior sucesso que já vi foi organizada por um dermatologista bem-sucedido. Ele convidou um pequeno grupo de pessoas comprometidas com o desenvolvimento pessoal e profissional para se encontrar com ele uma vez por semana, às 6h30 da manhã, no consultório. As reuniões iam até às 8 horas, quando todos saíam para trabalhar.

Antes de cada reunião, escolhiam um livro que todos deveriam ler para a semana seguinte. Na reunião seguinte, uma pessoa teria a tarefa de revisar o livro e dizer aos outros membros o que tinha aprendido de mais importante após a leitura. Em seguida, circulavam pela sala e cada um contribuía com ideias, comentários e experiências em relação ao conteúdo do livro.

A MENTORIA SE EXPANDE

O grupo acabou crescendo e havia cerca de 16 empresários, quase todos com ocupações diferentes uns dos outros. O que notei, ao seguir esse grupo por alguns anos, foi que a carreira de cada um dos membros decolou após ingressar nele. Os rendimentos dobraram e triplicaram. As empresas cresceram e floresceram. Os profissionais foram promovidos a cargos superiores, e todos atribuíram os novos níveis de sucesso à participação no grupo de mentoria.

SEJA SELETIVO

Cerque-se de pessoas positivas e orientadas por objetivos, que são ambiciosas e empolgadas em realizar coisas maravilhosas na vida. Pode ser difícil, mas não desperdice tempo com pessoas que não são úteis para você. O barão de Rothschild disse certa vez: “Não faça amizades inúteis”. Evite pessoas que o impeçam de progredir. Não perca tempo em socialização inútil com pessoas superficiais que nada têm a contribuir. Esta é uma das principais razões pelas quais as pessoas falham na vida, sem nem mesmo saber disso.

Tudo conta! Se você se associar a pessoas que não podem ajudá-lo ou beneficiá-lo de alguma forma, simultaneamente terá decidido *não* passar tempo com pessoas que podem ajudar você. É uma coisa ou outra.

EXERCÍCIOS DE AÇÃO

1. Faça uma lista das pessoas com quem você se associa na maior parte do tempo. Você gostaria de ser como essas pessoas em algum momento no futuro? Gostaria que seus filhos fossem como essas pessoas quando crescerem? Passar tempo com elas enriquece a sua vida ou não?
2. Forme um grupo de mentoria imediatamente. Convide duas ou três pessoas das quais gosta e que admira para se unir a você uma vez por semana, no café da manhã ou no almoço, para conversar sobre a vida, o trabalho e o futuro. Você vai se surpreender com o resultado dessas reuniões e com o que aprenderá.

- TREZE -

ESTABELEÇA UMA REDE DE CONTATOS CONTÍNUA

UMA DAS maneiras mais importantes de progredir na vida e na carreira é estabelecer uma rede de contatos contínua com outras pessoas da sua área de trabalho. Ao longo dos anos, participei de mais de mil encontros de organizações e associações. O que sempre me interessou foi a descoberta de que as pessoas mais importantes sempre frequentam essas reuniões. As pessoas medianas ou medíocres sempre têm um motivo ou uma desculpa para não comparecer.

Existe uma regra importante para o sucesso. O seu sucesso é diretamente proporcional ao número de pessoas que você conhece e que o conhecem de forma positiva. Em outras palavras: "Não é o que você sabe, mas quem você conhece que determina o seu futuro".

PESQUISA DE EMPREGO CRIATIVA

Quando desenvolvi um programa sobre "Pesquisa criativa de emprego: como conseguir e manter o emprego que deseja em qualquer economia", fiquei surpreso ao descobrir que 85% das novas contratações são feitas como resultado de alguém que conhece outra pessoa, e que, então, recomenda essa pessoa para um trabalho que nunca chegou a ser anunciado.

Às vezes, apenas conhecer uma pessoa no momento certo e no lugar certo na sua carreira pode fazer você progredir cinco anos em termos de renda e posição. Contudo, não há como saber quem essa pessoa será, por isso temos de conhecer muitas e muitas pessoas. E como se faz isso? Estabelecendo uma rede de contatos!

PESQUE ONDE ESTÃO OS PEIXES

Como e onde você estabelece uma rede de contatos? É simples. Você pesca onde os peixes estão. Vá aos lugares em que pode encontrar as pessoas mais importantes, as que podem ajudá-lo de forma mais efetiva e que podem ser mais ajudadas por você.

Em primeiro lugar, torne-se membro de uma ou duas associações empresariais na sua comunidade ou em âmbito nacional. Definitivamente, faça parte de uma associação nacional do seu ramo ou da sua carreira. Procure os grupos locais da sua associação, se existirem. Se não, torne-se membro de associações de negócios em geral, como a câmara de comércio. Se você for um microempresário, entre para o Rotary, para o Lions ou para o Kiwanis. Se a sua área for vendas, decididamente entre para a BNI – Rede de Negócios Internacional. Cada um desses grupos está repleto de pessoas que você precisa conhecer. São pessoas a quem pode ajudar e que, por sua vez, podem ajudá-lo.

SEJA DOADOR

Muitas pessoas pensam que estabelecer uma rede de contatos consiste em participar de reuniões, entregar cartões de visita e se apressar em fazer negócios. Nada poderia estar mais longe da verdade. As pessoas que conseguem estabelecer redes de contatos com mais facilidade praticam uma estratégia simples que sempre funciona.

Quando você conhece novas pessoas, passa a ter um foco singular: determinar o que pode fazer por elas para ajudá-las em seus negócios. Esqueça de si mesmo. Seja "doador", em vez de um "empreendedor voraz".

Faça perguntas abertas e ouça atentamente as respostas. As pessoas adoram falar sobre si mesmas e sobre sua carreira. Faça muitas perguntas.

Quanto mais perguntas fizer a uma pessoa e ouvir atentamente as respostas, balançando a cabeça e sorrindo, mais a pessoa gostará de você, irá respeitá-lo e vê-lo como um indivíduo inteligente e perspicaz.

Uma das melhores perguntas a fazer a um empresário é a seguinte: "O que eu teria de saber sobre um produto/serviço para recomendar um novo cliente a você? Quem são os melhores clientes para os quais você vende?"

Não há nada que construa um vínculo mais forte e mais rápido entre você e as demais pessoas do que enviar-lhes – ou simplesmente tentar fazer isso – um novo cliente. Elas vão gostar e lembrar de você para sempre.

TORNE-SE MEMBRO DE GRUPOS

A maioria das pessoas que se tornam membros de associações comparecem a reuniões, distribuem cartões de visita e saem antes ou assim que a reunião termina. Isso é algo que você não pode fazer.

Inteire-se da literatura ou do guia da associação e identifique os comitês mais importantes. Voluntarie-se para atuar em uma dessas comissões. Participe das reuniões da comissão e se ofereça para realizar tarefas e fazer coisas que o comitê precisa que sejam feitas.

As pessoas mais importantes de uma associação fazem parte dos comitês mais importantes. Quando você se oferece para atuar em um comitê, ser voluntário em alguma área e cumprir as responsabilidades rapidamente e bem, terá a oportunidade de "atuar" de maneira não ameaçadora na frente de pessoas que podem ser de grande ajuda para a sua carreira. As pessoas terão a oportunidade de ver quem você é e o tipo de trabalho que faz e farão anotações mentais sobre você. Essas anotações serão armazenadas, e as pessoas passarão a pensar em oportunidades que poderiam ser oferecidas a você, em empregos para os quais poderiam contratá-lo, ou em amigos aos quais poderiam recomendar o seu trabalho, uma vez que precisam de alguém com os seus talentos e as suas habilidades.

Todos os dias, milhares de cargos importantes são preenchidos por recomendações de alguém que atuou no comitê de uma organização voluntária ou sem fins lucrativos. A minha própria carreira foi enormemente ajudada por meio dessa estratégia.

INVISTA BEM O TEMPO

Pessoas medianas, com pouco futuro, vão para casa e veem televisão todas as noites. Pessoas acima da média, com um futuro brilhante à frente, estabelecem uma rede de contatos aproximadamente duas noites por semana. Essas duas noites muitas vezes economizam anos de trabalho duro para alcançar uma posição desejada em sua área de trabalho.

EXERCÍCIOS DE AÇÃO

1. Estabeleça uma rede de contatos contínua aonde quer que vá, mesmo em restaurantes e em filas de teatro. Apresente-se às pessoas, pergunte o que fazem e ouça atentamente as respostas.
2. Decida hoje fazer parte de pelo menos uma associação cujos membros você possa ajudar e que possam ajudá-lo no seu negócio. Essas organizações estão sempre abertas e ansiosas para receber novos membros.

- CATORZE -

CONHECIMENTO É PODER

TORNE-SE UM ESPECIALISTA na sua área. Torne-se a pessoa mais experiente na área de atuação da empresa em que trabalha. Desenvolva a reputação de ser o melhor no negócio.

Vivemos na era da informação, e você é um trabalhador do conhecimento. A qualidade e a quantidade de conhecimento que você pode aplicar para obter resultados para a sua empresa e para outras pessoas determina o valor, a renda e as perspectivas futuras que você tem mais do que qualquer outra coisa.

O poder do especialista existe em todas as organizações. Acumula-se para as pessoas que têm o conhecimento de negócios na ponta da língua. Para obter esse poder, é preciso aprender tudo o que puder sobre o trabalho. Aproveite o tempo para ler livros, participar de cursos e aprender sobre o trabalho de dentro para fora.

LIÇÕES DAS EMPRESAS QUE MAIS CRESCEM

Todos os anos, a revista *Inc.* publica uma lista das 500 empresas que mais crescem nos Estados Unidos. (Em 2014, a empresa que mais cresceu fez isso 42.000% a mais em relação aos três anos anteriores!) A revista fez uma pesquisa e perguntou às empresas: "Qual seria o melhor lugar para uma empresa investir dinheiro se quisesse aumentar as vendas e a lucratividade mais rapidamente?"

A resposta poderá surpreendê-lo, pois não disseram que o melhor investimento seria aumentar a publicidade, melhorar a embalagem nem mesmo desenvolver uma nova estratégia competitiva. Todos responderam que o melhor investimento seria *melhorar a qualidade* do produto ou do serviço. As empresas que mais cresceram concordaram que isso teria maior impacto sobre as vendas e a lucratividade do que qualquer outro uso com a mesma quantia de dinheiro.

MELHORIA DA QUALIDADE = SUCESSO

Certamente, isso não é surpreendente. As empresas mais rentáveis são as reconhecidas pela alta qualidade que fornecem a seus clientes em seus respectivos mercados. Até o Walmart, cujos clientes representam 70% da população que vive de salário insuficiente, é considerado o fornecedor de maior qualidade para as pessoas em termos de oferta da mais ampla gama de produtos e serviços com preços mais competitivos.

Esse princípio de melhoria da qualidade se aplica a você também. O melhor investimento do seu tempo e do seu dinheiro é usá-los *com você mesmo* para atualizar os conhecimentos e as habilidades e aumentar a qualidade do seu trabalho. Nada tem uma recompensa maior, ou maior garantia de um sucesso mais amplo do que ser reconhecido como um dos melhores em sua área de trabalho.

DESENVOLVA UMA ESTRATÉGIA DE LONGO PRAZO

No livro *Competindo pelo futuro*, Gary Hamel e C. K. Prahalad destacaram que a estratégia das empresas bem-sucedidas era projetar cinco anos à frente e identificar as principais competências que a empresa teria de desenvolver para liderar sua área de atuação em algum momento no futuro e, então, começar a aperfeiçoar tais competências imediatamente.

Para liderar a área de atuação, identifique os conhecimentos e as habilidades a serem desenvolvidos no futuro a fim de que seja reconhecido como o melhor no setor. Quais são eles?

A descoberta maravilhosa é que, quanto mais aprender, mais conseguirá aprender. Quanto mais desenvolver sua inteligência, mais inteligente ficará. Quanto melhor for a sua memória, mais rápida ela se tornará. Cada vez que aprender algo novo, você ativará mais células cerebrais, o que torna ainda mais fácil aprender mais coisas no futuro.

ESTUDE AS PESSOAS MAIS BEM PAGAS

Olhe ao redor em seu negócio ou setor e identifique as pessoas mais bem pagas. Quem são elas e quais os conhecimentos e habilidades especiais que possuem que as levam a se destacar em relação aos outros?

De acordo com a revista *BusinessWeek*, o CEO médio trabalha em uma empresa que faz parte da lista Fortune 500 e fatura cerca de 10,3 milhões de dólares por ano. Isso representa cerca de 258 vezes o salário médio das pessoas que trabalham nas próprias empresas. Como isso acontece?

A resposta é que esses altos executivos acumularam habilidades essenciais, uma por uma, ao longo da carreira. Cada uma dessas habilidades, em combinação com outras, os capacitou a obter resultados cada vez melhores, cada vez mais rápidos. O impacto de um CEO altamente competente pode ser de bilhões de dólares no aumento da rentabilidade ao longo de um ano. Quando comparado a esse retorno positivo, um salário médio de 10,3 milhões de dólares torna-se facilmente acessível e facilmente justificável.

IDENTIFIQUE AS PRINCIPAIS HABILIDADES NECESSÁRIAS

Que habilidades específicas precisam ser desenvolvidas para que você se torne uma das pessoas mais valiosas do seu negócio? Uma única ideia nova adquirida com leitura e estudo pode valer uma fortuna para a sua empresa se for a ideia certa na hora certa.

Torne-se um especialista *em silêncio*. Tome a decisão de que estará entre os 5% melhores na área em que atua. Aprenda até chegar ao ponto em que ninguém saiba mais sobre o negócio do que você.

Nunca conte tudo o que sabe. Isso não significa esconder informações. Apenas não use aquele conhecimento que representa uma carta na manga nem apresente a sua experiência como se fosse um sabe-tudo. Simplesmente se concentre em se tornar um recurso mais valioso para a empresa, ficando cada vez melhor, a cada semana, nas áreas que mais podem contribuir para a receita e para a lucratividade da empresa.

Você já ouviu dizer que conhecimento é poder. A verdade é que somente o conhecimento prático é poder. O conhecimento precisa ser aplicado a algum bom propósito para obter resultados melhores. Todo o restante é teoria.

EXERCÍCIOS DE AÇÃO

1. Selecione a habilidade ou a competência que pode torná-lo mais valioso para o seu negócio do que qualquer outra habilidade, e, então, comprometa-se de todo o coração a se especializar nessa habilidade.
2. Identifique a única habilidade cuja falta o impeça de demonstrar todo o seu potencial e decida desenvolver essa habilidade também. (Às vezes, são as mesmas habilidades.)

- QUINZE -

VISTA-SE PARA O SUCESSO

AS PESSOAS O JULGAM pela aparência externa. Noventa e cinco por cento da primeira impressão causada em outras pessoas relaciona-se com a aparência e com a maneira de se vestir. Isso acontece porque as suas roupas e os seus cabelos representam 95% do que outras pessoas conseguem ver sobre você.

Vista-se para o sucesso. Olhe para as principais pessoas da empresa e use-as como modelo. As pessoas não se sentem à vontade de trabalhar ou de promover outras pessoas que sejam diferentes. Imite os melhores exemplos e as melhores pessoas da sua empresa e do seu setor. Se eles se vestem em determinado estilo, então adote esse estilo. Conheça bem os códigos de vestimenta da empresa onde trabalha e não os viole.

Alguns dizem: "As pessoas não deveriam me julgar pela aparência externa". Mas o fato é que julgamos *todos os outros* pela aparência externa, então por que não seremos julgados já que é exatamente isso que acontece?

COMO A MINHA VIDA MUDOU

O sucesso demorou a chegar para mim. Eu era bem-informado e preparado, positivo, agradável e gentil quando me encontrava com os clientes. Mas, de alguma forma, no momento da tomada de decisão, eles quase sempre diziam: “Bem, deixe-me pensar nisso”.

Então, um dia, algo aconteceu que mudou a minha vida. Um vendedor mais velho, mais sábio e muito mais bem-sucedido me chamou de lado e gentilmente me perguntou se eu estaria aberto a receber um *feedback* sobre o jeito de me vestir. Estava ávido a aprender, então disse a ele que aceitaria qualquer conselho que me oferecesse.

Naquela época, usava um terno barato e mal ajustado que havia comprado em uma pequena alfaiataria por um preço baixo. E isso era perceptível. Em combinação com uma camisa de tecido sintético, gasta de tanto lavar para ser usada novamente, uma gravata fina, sapatos fuleiros e cabelos compridos, eu não inspirava confiança a ninguém, especialmente aos clientes.

Ainda me lembro daquele homem me dando um tutorial sobre como deveria me vestir para os negócios. Falou-me de punhos, lapelas, colarinhos de camisa e caimento. Explicou-me a importância de combinar cores diferentes entre si e da necessidade de sapatos mais caros e polidos.

UM NOVO GUARDA-ROUPA

Nos dias seguintes, aquele homem saiu comigo e me ajudou a montar um novo guarda-roupa, pelo qual eu mal tinha condições de pagar.

No primeiro dia em que comecei a estabelecer contato com clientes em potencial usando as novas vestimentas, a reação foi extraordinária. Em vez de as pessoas me tratarem como um vendedor de baixo nível que tinha acabado de chegar da rua, os possíveis clientes dirigiam-se a mim com grande respeito e escutavam atentamente o que eu dizia. O melhor de tudo é que começaram a comprar de mim, cada vez mais. Logo comecei a ganhar mais dinheiro do que já tinha conseguido na minha vida.

A VESTIMENTA PROFISSIONAL ADEQUADA ABRE PORTAS

Compre e leia pelo menos um livro sobre vestimentas adequadas para os negócios e siga o que sugerem. O seu guarda-roupa é importante demais para ser negligenciado. Passei por situações na minha carreira em que o fato de ser o executivo mais bem vestido do escritório trouxe-me oportunidades. A razão é simples: *credibilidade é tudo.*

Uma pessoa bem-vestida parece mais competente, mais inteligente e mais crível em um ambiente de trabalho. As pessoas tendem a confiar mais no seu julgamento quando a aparência é excelente em todos os sentidos.

Acessórios e outros detalhes também são importantes, incluindo cintos, gravatas, joias, meias e sapatos. Mantenha a pasta ou a bolsa limpa, atraente e em bom estado de conservação.

O asseio é muito importante. Quando as pessoas olham para o seu rosto, elas observam o cabelo, a cabeça e o pescoço e tomam a decisão imediata de acreditar em você ou não.

Os seres humanos estão sujeitos ao que chamamos de "viés da confirmação". Formam a primeira opinião sobre você quatro segundos depois de conhecê-lo pela primeira vez. Nos 30 segundos seguintes, finalizam a opinião inicial. Depois disso, procuram evidências que confirmem o que já decidiram acreditar sobre você. Por isso, dizem que é muito difícil causar uma segunda primeira impressão. É tarde demais depois disso.

ACONSELHAMENTO POLÍTICO

Quando aconselhava candidatos políticos, descobri a importância dos pelos faciais. Em um nível inconsciente, considera-se que os homens que usam barbas estejam escondendo algo, assim como um ladrão usa máscara. A primeira impressão inconsciente que temos ao conhecer um homem de barba em uma situação de negócios é que essa pessoa não é confiável.[1]

Se uma pessoa usa bigode, é considerada indecisa, incapaz de decidir entre um bigode, uma barba cheia ou nada.

O primeiro conselho que damos a um candidato político com barba é raspá-la. O primeiro conselho que damos a um vendedor, a um advogado, ou a qualquer outra pessoa que deseje influenciar outros, é livrar-se dos pelos faciais.

TENHA A APARÊNCIA DE UM CAMPEÃO

Todas as manhãs, olhe-se no espelho e pergunte: "Aparento ser uma das melhores pessoas do ramo?".

---

1 O exemplo apresentado pelo autor, tanto em relação à barba quanto ao bigode, reflete a cultura e o tempo em que ele estava inserido no tempo em que desenvolveu a obra e não possui relação com o pensamento brasileiro da década de 2020. [N. do E.]

Que tipo de impressão você causa nas pessoas quando o veem pela primeira vez? Se não ficar feliz com a resposta, ou se não estiver satisfeito com a impressão inicial que está causando, lembre-se de que a impressão que causa está totalmente sob seu próprio controle. É você que escolhe e organiza cada item do seu vestuário e da sua aparência todas as manhãs.

EXERCÍCIOS DE AÇÃO

1. Olhe ao redor para as pessoas mais bem-sucedidas e respeitadas na sua área de atuação. Como você se veste em comparação a elas?
2. Gaste o dobro de dinheiro e compre metade das roupas que precisa. Compre uma roupa excelente que o faça parecer ter um milhão de dólares. Use-a para trabalhar e veja o que acontece.

- DEZESSEIS -

COMPROMETA--SE COM A EXCELÊNCIA

SEJA O MELHOR na sua área de atuação. O desempenho superior é a base de todo progresso rápido em qualquer trabalho. Comprometa-se com a excelência no que faz. Defina altos padrões para si mesmo e se recuse a pô-los em risco.

Há duas guerras acontecendo no mundo empresarial hoje. Há a guerra do desempenho *versus* a guerra da política. Você deve escolher a primeira e decidir vencê-la.

EVITE JOGOS POLÍTICOS

Há algumas pessoas que são excelentes em fazer política no escritório, ao menos por um curto período. São chamadas de maquiavélicas. Contudo, as pessoas que se concentram em fazer política geralmente mascaram a má qualidade do próprio trabalho e acabam sendo finalmente descobertas. As pessoas que se concentram em desempenho, em fazer um bom trabalho e em melhorar cada vez mais o trabalho que realizam são as que sempre vencem no final.

Os maquiavélicos, os políticos, são inevitavelmente ultrapassados no jogo pelos que apresentam alto desempenho. Uma empresa só sobrevive à medida que atrai e recompensa homens e mulheres de alto desempenho. Mais cedo ou mais tarde, os políticos não contribuem para o sucesso da organização. Se você tiver escolha, concentre todas as suas energias no desempenho.

Peter Drucker disse: "O homem ou a mulher excelente em sua área de atuação, [que] tem alto desempenho e faz um trabalho de qualidade, está acima da política".

Isso não significa que devemos ignorar a política; apenas significa que o desempenho superior é a verdadeira chave para a promoção.

Em relação à promoção rápida, os pesquisadores descobriram repetidas vezes que aspectos como contatos, política, dinheiro, educação e experiência são completamente descartados na avaliação de desempenho. Quando você se torna um profissional de alto desempenho, não deve se preocupar com nada nem com pessoa alguma.

TRÊS FATORES A CONSIDERAR

Ao desenvolver um modelo de negócio pessoal que pode usar para chegar ao topo no seu ramo, há três fatores que precisa considerar: o que, quem e como.

CONHEÇA A OFERTA DE VALOR

"O que" refere-se à *oferta de valor*. O que você faz que o torna inestimável e até indispensável para a empresa?

O que *poderia* fazer se desenvolvesse novas habilidades e aptidões? Que habilidades *deve* desenvolver para o futuro?

A oferta de valor é uma declaração resumida do valor com o qual você contribui para justificar a sua contratação e o recebimento da quantia de dinheiro que deseja agora, aumentando ainda mais no futuro. Que valor você traz para o seu negócio?

FOQUE NO CLIENTE

O "quem" é o cliente, a pessoa que você atende, que deve utilizar e se beneficiar de seus talentos especiais e de suas habilidades. Normalmente esse cliente é o chefe, mas muitas vezes serão os colegas de trabalho, a equipe e os clientes externos que utilizam os produtos ou os serviços da empresa.

O que você procura é o ponto perfeito em que as suas habilidades especiais se conectam exatamente com as necessidades específicas da pessoa que mais se beneficia dos resultados obtidos com essas habilidades.

APRESENTE RESULTADOS

O "como" do modelo de negócio pessoal é de que forma você apresenta os resultados que as pessoas querem, precisam, podem usar e pelos quais pagarão. A sua capacidade de se concentrar exclusivamente em um resultado por vez, ou seja, o resultado mais importante, e alcançá-lo com rapidez e excelência, permite que você chegue ao topo na sua área de atuação.

ATRAIR A ATENÇÃO

O desempenho com excelência sempre chamará a atenção dos superiores, geralmente de forma mais rápida do que qualquer outra coisa. O desempenho é tudo.

Estudos mostram que não importa em qual faculdade você se formou (nem mesmo se você tem um curso universitário) ou quais notas tirou, e que *ninguém se importa com* os dois primeiros anos da sua carreira. Dois anos depois de começar a trabalhar, tudo o que interessa para as pessoas é se você é bom no que faz.

Falamos sobre a importância de investir na qualidade dos produtos e dos serviços no capítulo 14. Isso é igualmente verdadeiro em relação a sua *vida pessoal*. Quanto mais você investe tempo e dedicação para se tornar cada vez melhor no que faz, mais as portas se abrirão e cada vez mais rápido.

EXERCÍCIOS DE AÇÃO

1. Identifique a única área na qual a excelência no desempenho pode ajudá-lo a dar uma contribuição mais valiosa à empresa e dedique-se a se tornar excelente nessa área.
2. Identifique as áreas nas quais você não é particularmente bom e nas quais tem pouco interesse; procure maneiras de delegar essas atividades a outras pessoas, para que tenha mais tempo de fazer as poucas coisas que causarão maior impacto na sua carreira.

- DEZESSETE -

PLANEJE ESTRATEGICAMENTE

A CAPACIDADE de planejar estrategicamente é uma habilidade-chave para o sucesso nos negócios e pessoal. Na verdade, a capacidade de pensar estrategicamente, de jogar a partida de xadrez da vida, é essencial para o êxito.

Torne-se um bom planejador estratégico. Planeje meses e até anos à frente. Reserve tempo para pensar em onde quer estar no final das contas e certifique-se de que tudo o que está fazendo hoje o leve nessa direção.

O PROCESSO DE PLANEJAMENTO ESTRATÉGICO

Existe um processo simples de planejamento estratégico de sete etapas que pode ser aplicado no trabalho e na vida pessoal.

1. *Visão*. Imagine que não há limitações para o que você pode ser, ter e fazer nos próximos anos. Se a

sua carreira fosse *perfeita* daqui a cinco anos, como seria e em que seria diferente de hoje?

2. *Valores*. Quais são os valores mais importantes na vida, e qual é a ordem de importância deles para você? Quanto mais *clareza* você tiver sobre os verdadeiros valores, mais fácil será tomar decisões importantes.

3. *Missão*. Isto é o que você precisa fazer para que haja uma mudança positiva na vida e no trabalho de outras pessoas. Lembre-se, todos ganhamos a vida servindo a outras pessoas de alguma maneira. Qual é a sua missão?

4. *Propósito*. Esta é a razão pela qual você levanta da cama todas as manhãs. É a razão pela qual você faz o que faz atualmente, em vez de outra coisa. Qual é o seu "porquê" na vida?

5. *Metas*. Estamos falando de metas específicas, escritas, mensuráveis e com limite de tempo que você deseja alcançar em algum momento no futuro, com base nos valores, na visão, na missão e no propósito que você definir. Quais são elas?

6. *Prioridades*. São as coisas mais importantes que você faz todos os dias. A capacidade de definir prioridades, de determinar o uso mais valioso do seu tempo na realização dos seus objetivos é a chave do alto desempenho.

7. *Ações*. Estas são as ações que devem ser tomadas para alcançar as suas maiores prioridades.

Determine as ações específicas que você precisa tomar imediatamente a fim de realizar as suas prioridades mais importantes e alcançar os seus objetivos.

PENSE NO PAPEL

Todos os homens e todas as mulheres de sucesso são planejadores. Escrevem coisas de forma contínua e em detalhes. Pensar no papel é um princípio importante de sucesso.

Pense nos seus objetivos pessoais e nos objetivos do seu departamento ou sessão; considere as *consequências* de vários planos de ação. Uma marca registrada da alta inteligência é a habilidade de antecipar as consequências secundárias ou de longo prazo das ações atuais. O que é provável que aconteça?

Faça continuamente as perguntas:

"O que estou tentando fazer?";

"Como estou tentando fazer isso?";

"Poderia haver uma maneira melhor de fazer isso?".

Ao planejar estrategicamente, esteja sempre aberto à possibilidade de estar no caminho errado, de haver uma maneira *melhor* de alcançar um resultado específico ou de atingir os seus objetivos.

Depois de criar o plano estratégico, defina as prioridades, concentre-se em tarefas de alto valor e, em seguida, dedique os seus talentos e as suas habilidades singulares nas áreas que podem fazer diferença significativa.

EXERCÍCIOS DE AÇÃO

1. Se o seu negócio ou sua carreira fosse perfeito em algum momento do futuro, como seria e em que seria diferente de hoje?
2. Identifique as ações específicas, mensuráveis e impreteríveis que você pode tomar imediatamente para criar o seu futuro ideal.

- DEZOITO -

ACEITE A RESPONSABILIDADE PELOS RESULTADOS

UMA DAS qualidades dos profissionais de alto desempenho é que aceitam 100% da responsabilidade por seu trabalho, o que é de vital importância, pois significa "sem desculpas e sem culpar outras pessoas".

Nunca reclame e nunca explique. Se as coisas não vão bem, aceite a responsabilidade pela situação e aja para mudá-la ou melhorá-la. A aceitação da responsabilidade pessoal é a marca do líder. É o ponto de virada na vida e na carreira de alguém. É a diferença entre a infância e a maturidade.

ATITUDE DE PROPRIEDADE

Em uma pesquisa feita em Nova York, os 3% das pessoas mais ricas em várias profissões apresentam uma atitude comum. Não importa em que campo ou empresa atuem, todos se consideram autônomos. Agem como se fossem donos do lugar. São pessoas que se veem como proprietários pessoais das empresas, e não importa quem assina os contracheques, porque elas são totalmente responsáveis pelas próprias carreiras.

Expressam-se usando "nós", "conosco" e "nosso", em vez de "eles" e "deles", como a maioria das pessoas faz. Trabalham mais horas e assumem mais responsabilidade pelos resultados da empresa e por todos os êxitos ou fracassos vividos pela empresa.

Não há nada que faça um gerente ou um empregador mais feliz do que ver funcionários que realmente se preocupam com a empresa e mostrem atitude de propriedade em tudo o que fazem. Se um gerente ou um executivo tivesse de promover alguém e um dos candidatos encarasse o trabalho apenas como trabalho e o outro olhasse para a empresa como se pertencesse a ele, o executivo contratante sempre escolheria promover a pessoa que assume total responsabilidade pelos resultados da organização.

Se as coisas derem errado ou você cometer um erro, simplesmente admita-o. Diga: "Eu errei. Estraguei tudo". Em seguida, concentre-se no que pode aprender com a experiência.

Todos os seres humanos cometem erros. Mas sempre assuma responsabilidade pelo erro e por encontrar uma solução para ele. Sempre diga: "Qual é a nossa próxima ação?".

NINGUÉM É PERFEITO

Na maioria dos casos, as pessoas que o cercam já sabem quando você comete um erro. Quando tiver coragem e caráter para admitir isso, você será mais respeitado e admirado por elas. Assumir a responsabilidade por um erro aumenta o nível de credibilidade e o respeito conquistado pelas pessoas que o cercam.

Emoções positivas são a chave para o sucesso na vida. O maior obstáculo para elas são as *emoções negativas*. Se puder eliminar as negativas, somente restarão as positivas, que são as que melhoram a vida.

A grande descoberta é que as emoções negativas são quase sempre desencadeadas pela culpa. São causadas pela falha em não aceitar a responsabilidade pela situação. Sempre que você culpar alguém por algo, se sentirá negativo, infeliz, inferior e pequeno.

SINTA-SE PODEROSO E COM PROPÓSITO

Por outro lado, sempre que aceitar a responsabilidade, irá se sentir poderoso, determinado e autoconfiante. O segredo é simples: basta dizer as palavras mágicas "Eu sou responsável!" sempre que algo der errado. Sempre que tiver um pensamento ou uma emoção negativa, bloqueie-o imediatamente, dizendo: "Eu sou responsável!".

É impossível aceitar a responsabilidade e ser negativo ao mesmo tempo. Essa emoção, a da responsabilidade, elimina outra emoção, a da culpa, e o transforma em uma pessoa completamente positiva.

EXERCÍCIOS DE AÇÃO

1. Pense em uma situação na vida ou no trabalho que o faça sentir-se zangado ou infeliz. Bloqueie os seus sentimentos em relação a essa situação dizendo imediatamente: "Eu sou responsável!". Repita quantas vezes for necessário até que a situação negativa perca poder sobre você.

2. Nunca culpe ninguém por nada nem tente fazer uma pessoa sentir-se mal por um evento passado ou por um erro. Em vez disso, diga: "Da próxima, vamos fazer assim". E siga em frente.

- DEZENOVE -

SEJA UM JOGADOR DE EQUIPE

UMA DAS qualidades mais importantes para o progresso em qualquer empresa é a capacidade de trabalhar bem como parte de uma equipe. É a qualidade-chave necessária se você deseja ser promovido ao grupo de executivos. Ser um executivo requer a habilidade de organizar, trabalhar com outras pessoas e coordenar uma equipe de pessoas com diferentes habilidades e aptidões.

Praticamente tudo no mundo empresarial é realizado como resultado do trabalho de duas ou mais pessoas juntas, com sobreposição de papéis e responsabilidades. Parece lógico, portanto, que um dos maiores obstáculos para ser promovido seja a incapacidade de trabalhar ou de cooperar com outras equipes.

AS CINCO CHAVES

Há cinco elementos-chave que foram identificados na formação de equipes de alto desempenho.

1. *Metas e objetivos compartilhados*. As melhores equipes usam o tempo para chegar a um acordo sobre suas metas e seus objetivos. Estabelecem medidas claras para que as metas sejam alcançadas, além de medidas para cada membro da equipe.

2. *Valores compartilhados*. Os membros de uma equipe discutem e acordam sobre valores e princípios utilizados para interagir uns aos outros. Esses valores incluem pontualidade, responsabilidade, a necessidade de concluir tarefas no prazo e assim por diante.

3. *Planos de ação compartilhados*. Os membros de uma equipe discutem e acordam exatamente sobre o que cada um deles fará para ajudar a atingir o objetivo geral, quando o farão e como isso será avaliado.

4. *Um líder*. Há sempre um líder de equipe, a pessoa que é o responsável final, que lidera a ação. O trabalho do líder é garantir que todos os outros membros da equipe tenham os recursos necessários para fazer o trabalho corretamente e dentro do prazo.

5. *Revisão e avaliação contínuas*. A equipe se reúne regularmente para discutir se estão caminhando bem para alcançar o objetivo, se os clientes estão satisfeitos com o produto ou com o serviço e se a equipe está trabalhando bem como grupo.

Ao praticar esses cinco princípios, você conseguirá formar rapidamente uma equipe de alto desempenho. Esses princípios são responsáveis por algumas das maiores realizações do mundo empresarial.

BUSQUE OPORTUNIDADES PARA CONTRIBUIR

Em vez de pensar em quanto pode obter, sempre pense em quanto pode dar. Foque na contribuição e na cooperação. Ajude no que for preciso. Dedique-se a dar uma valiosa contribuição para a equipe e apoie os demais.

Dê crédito aos outros pelo sucesso que atingirem. Quanto mais crédito às pessoas, mais crédito receberá. O líder sempre aceita a responsabilidade pelos problemas, mas dá o crédito aos membros da equipe pelos êxitos e pelas realizações.

Quando começar a atuar no mundo empresarial, a sua capacidade de ser um membro valioso da equipe é o primeiro degrau na escada para o sucesso. À medida que contribuir com mais e mais valor, mais rápido irá se tornar um líder de equipe e mais pessoas irão ajudá-lo a alcançar objetivos cada vez maiores. Quanto melhor agir como líder de equipe, maiores serão as suas responsabilidades pelos resultados e mais rápido você será promovido.

EXERCÍCIOS DE AÇÃO

1. Determine metas e objetivos precisos para a equipe e defina medidas claras para todos na conquista dessas metas e desses objetivos.

2. Discuta, decida e entre em acordo em relação aos valores da sua equipe. Determine como trabalharão e interagirão juntos e como os problemas serão resolvidos.

- VINTE -

DESENVOLVA A CRIATIVIDADE

UM DOS MAIORES inimigos do sucesso é a zona de conforto. É incrível quantas pessoas ficam confortáveis ao fazer as coisas de certa maneira e depois resistem a todas as mudanças, não importa se são úteis nem positivas.

Maquiavel escreveu certa vez: "Nada é mais difícil de realizar, mais perigoso de conduzir ou mais incerto quanto ao êxito do que uma nova ordem das coisas, porque a inovação terá como tímidos aliados aqueles que podem se beneficiar e como férreos opositores todos os que forem ameaçados com o novo estado das coisas.

INOVAÇÃO É ESSENCIAL

Quanto mais você fizer o que sempre faz, mais terá o que já tem. Todo sucesso acontece quando abandonamos a zona de conforto, por tentar fazer algo novo ou diferente, por assumir riscos e aceitar que a maioria das coisas não dá certo – pelo menos na primeira tentativa.

A boa notícia é que existe uma relação direta entre a quantidade de ideias e a qualidade do sucesso. Todo negócio hoje sobe ou desce com base no fluxo de novas ideias, novos produtos, novos serviços, novos processos e novas abordagens para fazer as coisas.

MELHOR, MAIS BARATO, MAIS RÁPIDO

Procure sempre maneiras de atingir os seus objetivos da melhor forma, do jeito mais rápido e mais barato. Todo negócio visa ao lucro. A única maneira de obter lucros é aumentar vendas e receitas ou reduzir custos e despesas. O melhor é fazer as duas coisas ao mesmo tempo.

Cada ideia que você tiver, que possa aumentar as receitas ou reduzir os custos, chamará a atenção de pessoas que podem ajudá-lo a progredir mais rapidamente.

Depois de ter uma boa ideia, é preciso fazer várias coisas. Primeiro, confira. Pesquise. Obtenha os fatos. Tenha certeza antes de se comprometer. Ao se convencer de que tem uma boa ideia, coloque-a no papel. Registre-a por escrito. Crie uma proposta e ofereça-a a seu chefe ou a quem for o responsável pela aprovação para que seja implementada.

ESPERE POR UMA REAÇÃO NEGATIVA

A maioria das pessoas diz *não* a qualquer nova ideia. Isso não é positivo nem negativo. É assim que as pessoas são, embora reconheçam que precisam de ideias novas e melhores.

A chave é oferecer a ideia provisoriamente e depois pedir a opinião das demais pessoas. Diga algo como: "Tive essa ideia para cortar os custos (ou aumentar as vendas). Fiz uma verificação e acho que pode haver algo aí. O que você acha?".

Não tente vender a ideia nem se preocupe em obter crédito, pelo menos por enquanto. Basta procurar outra opinião e fazer a pergunta mágica: "O que você acha?".

SEJA PACIENTE

Ao apresentar uma nova ideia, nunca peça uma decisão imediata. Em vez disso, incentive o chefe a dar uma olhada e a pensar no assunto por algum tempo.

Há muitos anos, um mentor meu e presidente de uma grande organização com mais de 10 mil funcionários deu-me um presente. Era um panfleto amarelado, de muitos anos, intitulado *Reserve tempo para digerir mentalmente*.

Ele me disse que aquele pequeno panfleto tinha moldado e orientado toda a carreira dele, sendo o grande responsável por seu sucesso em assumir e administrar grandes empresas. O panfleto tinha uma premissa simples. Dizia que é natural e normal para a mente humana rejeitar novas ideias; portanto, quando apresentar algo novo ou diferente, dê sempre à outra pessoa pelo menos 72 horas para pensar naquilo. Deixe-a digerir a ideia. Deixe-a meditar na ideia e avaliá-la por si mesmas.

SUGIRA UM PROJETO PILOTO

Outra forma de apresentar uma nova ideia, especialmente se houver uma grande quantidade de ceticismo ou resistência, é sugerir um projeto de teste. Ofereça-se para experimentá-lo em pequena escala. Reduza a quantidade de tempo, dinheiro e risco envolvidos propondo investir o seu próprio tempo para descobrir se a ideia tem algum mérito.

Você quase sempre obterá aprovação para um pequeno teste. Com os resultados do pequeno teste, poderá voltar e sugerir a implementação da ideia em uma escala maior.

A MAIORIA DAS NOVAS IDEIAS NÃO FUNCIONA

Na publicidade, dizem que existem três chaves para o sucesso: testar, testar, testar.

O mesmo acontece com as novas ideias. A maioria das novas ideias não funciona da primeira vez, e, frequentemente, nem nas várias vezes que se seguem. No entanto, conforme você testá-las, obtendo reações e respostas, aprenderá lições e as testará novamente, e muitas vezes chegará a uma ideia inovadora que pode realmente ajudar a empresa e impulsionar a sua carreira.

PERSEVERE

Não importa qual seja a reação ou a resposta do chefe, continue apresentando novas ideias. Mesmo se for rejeitado, lembre-se de que existe uma relação direta entre o número de boas ideias geradas e a velocidade com que você segue adiante na carreira. É quase como se as ideias fossem uma forma de supercombustível no tanque do seu sucesso. Quanto mais ideias tiver, mais rápido seguirá em frente, mesmo que as ideias não sejam bem-sucedidas inicialmente.

EXERCÍCIOS DE AÇÃO

1. Identifique o maior problema ou obstáculo para aumentar as vendas e a lucratividade do negócio.

Em seguida, faça uma lista de 10 a 20 formas de resolver esse problema, impulsionando as vendas e os lucros.

2. Quando tiver uma boa ideia, guarde-a para si. Em vez de dizer aos outros, faça a lição de casa. Junte informações. Faça um estudo de caso com sua ideia, com base em pesquisas independentes e testes pessoais.

- VINTE E UM -

MANTENHA A SORTE AO SEU LADO

QUANDO FIZ o programa de MBA executivo há muitos anos, fui obrigado a fazer um curso sobre teoria da probabilidade. Tinha me dado mal no ensino médio e só entrei no programa de MBA porque obtive uma pontuação alta no SAT.[1] A pior matéria na escola foi matemática, e a teoria da probabilidade era baseada em cálculo diferencial, em formas complexas de avaliar dados e na determinação das probabilidades.

Eu era tão ruim em teoria da probabilidade que tive de repetir o curso dois semestres seguidos antes de terminar. Mas esse acabou sendo um dos programas mais valiosos que já cursei na vida. Esse curso mudou a minha vida para sempre.

---

1 Sigla de Scholastic Assessment Test, teste de avaliação escolar para ingresso nas universidades americanas. [N. do R.]

A LIÇÃO INESTIMÁVEL

O que aprendi com a teoria da probabilidade é que existe uma probabilidade de que tudo e qualquer coisa pode acontecer, e ela pode ser calculada com grande precisão usando uma das muitas fórmulas desenvolvidas ao longo dos últimos trezentos anos. Também aprendi que todo o nosso mundo se baseia na teoria da probabilidade. Todas as ações e todos os relatórios do mercado de ações, todos os seguros e tabelas atuariais, todas as ciências, a matemática, a física e muitos dos Prêmios Nobel que foram concedidos como resultado de novas descobertas em economia baseiam-se na teoria da probabilidade.

AS PROBABILIDADES DE SUCESSO

A questão é a seguinte: há uma probabilidade de que você seja um grande sucesso na sua carreira. Há uma probabilidade de que você se torne milionário, ou mais que isso, no decorrer da sua vida profissional. O grande negócio em toda a sua vida é aumentar as probabilidades de que você é a pessoa certa, no momento certo, e que desfruta dos grandes sucessos disponíveis para você. E isso está em grande parte sob o seu controle.

AUMENTE AS PROBABILIDADES

Existem sete maneiras de aumentar as probabilidades para que todo o seu potencial seja utilizado e você se torne tudo o que é capaz de se tornar.

1. *Tome a decisão de ser o melhor do ramo.* A maioria das pessoas nunca faz isso. Anseiam por mais sucesso. Admiram pessoas que são mais bem-sucedidas do que elas. Desejam maiores rendimentos e responsabilidades.

Contudo, nunca tomam a firme decisão de se tornar os melhores no ramo. Recuse-se a se contentar com qualquer coisa que seja menos do que a excelência. Lembre-se de que praticamente não há limitações sobre o que você pode fazer se tomar uma decisão firme e, em seguida, apoiá-la com ação contínua.

2. *Estabeleça metas claras, específicas e por escrito para a sua carreira*. Crie uma lista de verificação, um plano. Trabalhe nos seus alvos todos os dias.

3. *Concentre-se na contribuição*. Concentre-se em criar valor e gerar receita para o seu negócio. Esqueça a politicagem. Em vez disso, deixe o desempenho falar por você.

4. *Aceite 100% da responsabilidade por tudo o que você é e por tudo o que faz*. Tenha iniciativa. Ofereça-se como voluntário. Peça mais responsabilidade e depois dê o seu melhor, agindo com rapidez e confiabilidade.

5. *Procure momentos em que possa brilhar*. Quando conseguir uma oportunidade de contribuir e trabalhar mais, veja isso como uma oportunidade de demonstrar a sua habilidade e provar aos demais por que deve receber mais e ser promovido mais rapidamente.

6. *Identifique a "habilidade limitante" para o seu sucesso*. A habilidade-chave mais fraca define a altura ou o limite do seu sucesso. As áreas em que for proficiente são responsáveis pela sua posição profissional atual. A habilidade-chave mais fraca, no entanto,

é o freio no seu desempenho. É o que o impede de progredir mais do que qualquer outra coisa. Tome a decisão, agora mesmo, qualquer que seja essa habilidade limitante, de dominá-la nos próximos meses.

7. *Decida com antecedência nunca desistir*. Persista, noite e dia, até se tornar o grande sucesso no qual verdadeiramente é capaz de se tornar.

USE A LEI A SEU FAVOR

A lei da probabilidade não é uma teoria, um princípio ou uma ideia. É uma lei. Funciona para todos, em todos os momentos. A regra é que, quanto mais você tentar, mais triunfará. Quanto mais coisas fizer ou mais arduamente trabalhar, mais provavelmente fará as coisas certas, nos momentos certos, o que abrirá as portas certas que vão acelerar a sua carreira. E isso não será uma questão de sorte ou de acaso, mas de lei.

EXERCÍCIOS DE AÇÃO

1. Sente-se. Tenha à mão um pedaço de papel e estabeleça metas claras e específicas para a sua carreira. Decida exatamente onde quer estar em um mês, em seis meses, em um ano e em dois e cinco anos. Não deixe a sua carreira ao acaso.
2. Identifique a habilidade que o impede de realizar muito mais do seu potencial. Pergunte ao seu chefe. Pergunte aos colegas de trabalho. Mas seja claro ao perguntar, e então tome a decisão de dominar essa habilidade. Lembre-se, todas as habilidades são *aprendidas*. Você pode aprender qualquer habilidade que seja necessária para alcançar um objetivo que definiu para si mesmo.

- ANEXO -

TRÊS CHAVES PARA O SUCESSO

O SUCESSO NÃO É um acidente. É completamente previsível. Se você fizer o que outras pessoas de sucesso fizeram antes de você, pela lei da causa e efeito, em breve obterá os mesmos resultados que elas obtiveram. Se não fizer, não os obterá.

Existem três chaves para o sucesso que foram aprendidas e desaprendidas, descobertas e redescobertas ao longo das eras. Todas podem ser aprendidas por meio da prática e da repetição.

O PODER DA AUTODISCIPLINA

A chave número um, que reforça tudo o que falamos, é a autodisciplina. Esteja disposto a pagar antecipadamente pelo preço do sucesso.

Depois de ler os princípios de sucesso, você provavelmente terá identificado uma ou mais áreas de fraqueza pessoal que podem representar obstáculos. A grande tragédia da vida é que ninguém vai dizer ou apontar para você essa fraqueza. E ainda vão deixar que sofra com isso por anos.

Às vezes, se você trabalha devagar e pensa que está fazendo um trabalho realmente bom, sendo cuidadoso e meticuloso, vai acabar descobrindo que, devido a uma percepção de falta de urgência, está sendo ignorado no que se refere a promoções e recompensas. Acelerar um pouco o ritmo, sem diminuir a qualidade do trabalho, irá aumentar as suas recompensas. A disciplina é essencial.

MÉTODOS DE SUCESSO COMPROVADOS

A chave número dois é usar métodos comprovados de sucesso. Use as ideias que discutimos neste livro. Se sentir que tem uma fraqueza para estabelecer metas, para gerenciar o tempo, no pensamento criativo, na tomada de decisões, na comunicação e na fala, estude os especialistas. Aprenda com os mestres. Volte a estudar, a fazer cursos e a ler livros. Você pode aprender tudo o que precisar para ter sucesso.

PERGUNTE

A chave número três é “perguntar” como caminhar para obter sucesso. Se perguntar a pessoas suficientes e da maneira certa, elas dirão o que você precisa aprender, onde encontrá-lo e como usá-lo para ser bem-sucedido.

Comece pelo seu chefe. Pergunte se ele vê alguma fraqueza em você que pode ser compensada. Procure diferentes cursos e livros que possam ajudá-lo. Comece a construir a sua própria biblioteca de sucesso pessoal. Compre ou baixe *podcasts* de aprendizagem e ouça-os todos os dias. Lembre-se de que o tempo está passando.

A corrida começou. E esta vida não é um ensaio para outra coisa.

Finalmente, desenvolva a determinação inabalável, a capacidade de tomar decisões e a vontade de persistir até obter sucesso; se fizer isso, nada poderá impedi-lo.

VOCÊ É O ARQUITETO DO SEU PRÓPRIO DESTINO

Em última análise, se está disposto a investir em você mesmo, a desenvolver-se e a melhorar, trabalhando sistematicamente todos os dias em direção aos seus objetivos e ao sucesso pessoal que deseja, a lei da acumulação diz que gradualmente e inexoravelmente os seus esforços serão construídos, acumulados e desenvolvidos em uma vida excepcional.

Ninguém alcança o sucesso da noite para o dia. O sucesso é sempre o resultado de centenas de milhares de pequenos esforços e realizações que ninguém percebe nem aprecia. Tome a decisão, hoje mesmo, de praticar essas ideias repetidas vezes, até que se tornem hábitos, até que se tornem fáceis e uma maneira automática de viver. Quando fizer isso, não haverá limites.

Esta obra foi composta em *Swift Neue LT Pro*
e impressa por Gráfica Reproset sobre papel
Chambril Avena 70 g/m² para Editora Hábito.